I0842476

Hilda Catz
y colaboradores

El virus muta...¿nosotros mutamos?
Una mirada Psicoanalítica.

Prólogos: Marcelo Viñar y Ricardo Rodulfo
Epílogo: Raúl D. Motta

Colaboradores:

Altavilla, Diana
Axelrod Praes, Ruth
Borensztejn, Claudia L.
Cantis, Jorge G.
Catz, Hilda
Cruppi, Mónica
Gómez, F. Lila
Isely, María Pía
Iwan, Mirta
Lago, Marta

Leo, Giuseppe
Lutemberg, Jaime
Morandini Roth, Patricia
Pereira Da Silva, M. C.
Piovano Tripcevich, Mabel G.
Rasinsky, Susana
Renault, Gabriela
Santamaría Linares, Jani
Santolalla, Mónica
Schneidermann, Jorge

**Ricardo Vergara
Ediciones**

Catz, Hilda
  El virus muta... nosotros ¿mutamos? Una mirada psicoanalítica / Hilda Catz. - 1a ed. - Ciudad Autónoma de Buenos Aires : RV Ediciones, 2021.
  284 p. ; 23 x 16 cm.

1. Clínica Psicoanalítica. 2. Pandemias. I. Título.
  CDD 150.195

Coordinación de Producción y Edición: Ricardo Vergara
Te: (+549) 116-231-2760
email: edicionesvergara@gmail.com
Facebook: Ricardo Vergara
Instagram: @vergara_ric
Colegiales, Ciudad de Buenos Aires
República Argentina

Imagen de tapa:
El virus muta, ¿nosotros mutamos?
Pintura digital de raíz por Hilda Catz
E-mail: hildacleliacatz@gmail.com

Impreso en Argentina - Printed in Argentina
Imprenta Dorrego, Av. Dorrego 1102 (CABA)
Mayo de 2021

Índice

Camaleónica y palimpsesta
es la tierra que pisamos
...
donde la vida y la muerte
se dan cita
en la misma esquina
....
donde lo humano tras-muta
en cada instante
...
El lodo es la mutación de la tierra
donde comienza y termina todo

Isidoro Zang, Salta (2021)

El virus muta...nosotros ¿mutamos?
Introducción

Dra. Hilda Catz PhD

"La vida humana se reduce al verdadero padecimiento al infierno, sólo cuando se superponen dos eras, dos culturas y religiones... Hay épocas en que una generación integra queda así atrapada entre dos eras, dos formas de vida, y, en consecuencia, pierde toda facultad de entenderse a sí misma y no tiene ninguna pauta, ninguna seguridad, ningún simple asenso"
Herman Hesse

Este Tomo V constituye, como los anteriores, la continuación de un intenso intercambio entre colegas psicoanalistas del país y del exterior realizado a partir de decretarse la Cuarentena, respetando la diversidad de enfoques teóricos, en un intento de ir enfrentando la Pandemia con proyectos colectivos. Parafraseando a Herman Hesse en el epígrafe, podemos decir que esta apocalíptica Pandemia del *Covid 19* nos enfrenta en ese cruce entre dos eras, a las pulsiones más primitivas que impone el aislamiento, al darwinismo de una crisis sanitaria del siglo XXI y a sus consecuencias como trauma individual, social y colectivo.

La paradoja de nuestra época consiste en que la humanidad está pasando, simultáneamente, por un proceso de mayor unificación y de mayor fragmentación, aunque no son éstas las únicas realidades dominantes. Hay también un proceso de mayores posibilidades para los seres humanos que se expandieron desde su familia a su aldea, a la tribu, a su región, a su nación y ahora, con la tecnología, a la desmesura de lo planetario en un contexto de incertidumbre y fragilidad. Los vínculos y redes trasponen las fronteras, tramas de creación de información global abren el cauce a la integración de conocimientos, creando un idioma científico común, aunque no debemos olvidar la inevitable brecha respecto a grupos que se quedan fuera de esas posibilidades y pueden ser captados por consignas políticas explotadas por líderes fanáticos. Se trata de las consecuencias involuntarias de la complejidad y la ignorancia, que nos conminan a la perentoriedad de la eliminación de la pobreza y la cooperación internacional en lo que hace a la educación y la sanidad, para poder ir construyendo respuestas frente al sufrimiento físico y psíquico al quedar insertos en lo que podríamos llamar una globalización de la segregación.

Morin (2020) nos dice que..." actualmente estamos en una triple crisis. La crisis biológica de una pandemia que amenaza nuestras vidas indiscriminadamente y desborda las capacidades hospitalarias, especialmente donde las políticas neoliberales las han reducido continuamente. La crisis económica resultante de las medidas restrictivas adoptadas contra la pandemia y que, al desacelerar o detener las actividades productivas, el trabajo y el transporte, solo puede empeorar si la contención se vuelve insostenible. La crisis de la civilización: de repente pasamos de una civilización de la movilidad a una obligación de inmovilidad".

En este libro, en nuestro rol de psicoanalistas trabajando, intentamos transmitir las complejas experiencias vividas en la Pandemia que estamos atravesando, que podrían tener desenlaces imprevisibles para la salud física y mental, actual y futura, tanto de los pacientes como de los analistas. En ese sentido podríamos decir que estamos transitando una Pandemia Mental que se expresa en múltiples y diversas manifestaciones en todos los ámbitos, como lo reflejan los trabajos presentados a lo largo de estas páginas. Se están incrementando mucho las consultas por malestares psíquicos, estados de alteración que nos demandan con urgencia la necesidad que tienen los sujetos de ser escuchados y atendidos. Me refiero no sólo a la atención desde lo individual, sino también desde el entorno social, ambiental, e inclusive comienza a delinearse la atención de las consecuencias del cambio climático y sus trágicas derivaciones que ya no se pueden desconocer y/o desmentir más.

A todo lo expuesto se suma la complejidad de la relación ambivalente de lo humano con la tecnología, la necesidad de enfrentar las ***"mutaciones cualitativas*** del presente que desafían a las instituciones, al pensamiento y al devenir de la identidad de la especie" (Motta, 2020, p.25).

Estas son sólo algunas de las problemáticas que nos involucran con premura en este tramo incierto del siglo XXI porque el virus ***muta*** para sobrevivir, y a lo largo de este libro quisiera que nos preguntemos si podremos ***mutar*** para sobrevivir y aprender de la experiencia frente a este horizonte de extrañeza, sin dejar de sostener la falta de certezas como una forma de salud mental.

Como decía una de mis Mentoras, Hanna Segal (1987), "el silencio es el auténtico crimen" y justamente todos los trabajos presentados, la diversidad de teorías y vértices de investigación, lo "enorme", como fuera de norma, del esfuerzo psíquico realizado por todos nosotros, se constituyen en un testimonio de la necesidad imperiosa de narrar y transmitir. Aspiramos, entonces a que el silencio no nos abisme en un vacío innominado, sino que se transforme en palabras que creen presencia, que diseñen paredes virtuales, elásticas, como ***"mutaciones"*** transformadoras para recuperar el registro subjetivo que cada cual posee de lo humano.

"El hombre todavía es incapaz de controlar su propia naturaleza, cuya locura lo lleva a dominar la naturaleza, perdiendo el dominio de sí mismo. Puede aniquilar los virus, pero se encuentra desarmado ante los nuevos virus que lo desprecian, se transforman, se renuevan. Aun en lo concerniente a las bacterias y los virus, debe y deberá negociar con la vida y la naturaleza"

Edgard Morin, Tierra patria, 1993

Bibliografía

Brzezinski, Z. (1979) *La era tecnotrónica*, Buenos Aires, Paidos.

Catz, H. (2020) *Stupidity and Denial in the Time of Plague, p.201, in Environmental Crisis and Pandemic. A challenge for Psychoanalysis.* Collection Borders of Psychoanalysis, Ed. Frenis Zero Press. Lombardia, Italia

Catz, H y colaboradores (2020) *La Pandemia y después...una mirada psicoanalítica,* Buenos Aires, Ricardo Vergara Ediciones, Tomo 4

Catz, H y colaboradores, (2020) *Las Redes de lo humano, lo humano de las redes,* Buenos Aires, Ricardo Vergara Ediciones, Tomo 3.

Catz, H y colaboradores, (2020) *Trabajando en cuarentena y en la post-cuarentena en épocas de la Pandemia. Transformaciones e invariancias,* Buenos Aires, Ricardo Vergara Ediciones, Tomo 2.

Catz, H y colaboradores, *Psicoanálisis de Niños y Adolescentes,*

Hesse, H.(1927) *"El lobo estepario",* Editorial Edhasa, Buenos Aires

trabajando en cuarentena en tiempos de la Pandemia, Buenos Aires, Ricardo Vergara Ediciones, Tomo 1

Morin, E. (2002) *Para una política de la civilización,* Buenos Aires, Paidos.

Morin, E.(2020) "Entrevista a Edgard Morin" Simon Blin *Revista Complejidad,* Nro.36-2020, pp.7 contacto@complejidad.info Buenos Aires

Motta, R.D.(2020) Editorial, *Revista Complejidad,* nro.36-2020 pp.3 contacto@complejidad.info Buenos Aires

Segal, H. (1987), Silence is the real crime, en *International Journal of Psychoanalysis,* n.14, pp. 3-12

Prólogo 1

Marcelo Viñar

En la lectura de este quinto tomo de la Serie sobre la Pandemia, que aquí prologo, palpita nuevamente, como en los otros, la libertad para escoger los parámetros y alcances de la tarea. Cuenta para ello con la rica tradición de la Asociación Psicoanalítica Argentina, pionera del psicoanálisis latinoamericano, para reinventarse en este mundo inédito e insólito. Se incluye en esta Serie a lo social en su interacción con el conflicto psíquico, desafío ineludible para el psicoanálisis del Siglo XXI ya que el mundo de hoy es lo suficientemente cambiante, complejo y caótico como para proponer encuadres rígidos y teorías definitivas.

Se trata de un libro que condena lo uniforme, en lo que puede llamarse una nueva era, la de lo desconocido, donde puede observarse de qué forma la complejidad del entorno impacta sobre la subjetividad. Los autores subrayan la necesidad de construir vínculos que mitiguen la desmesura de lo que estamos viviendo, poniendo de relieve una vez más que la insensatez humana no tiene remedio.

Asimismo se resalta la importancia de los grupos, de las redes que construyen un espacio intermedio entre lo público y lo íntimo para enfrentar lo que acontece con multiplicidad de miradas, perspectivas y teorías, donde lo social y lo político influye necesariamente en nuestro quehacer.

Destaco particularmente que Hilda Catz ha escogido para este, su quinto tomo de la investigación acerca de la Pandemia, la autoría múltiple, una opción que nuevamente celebro en particular por la implicancia que tiene en estos momentos.

Por otro lado, sabemos que los pioneros de la Escuela Argentina (Racker, Pichon, Aberastury, Bleger, Baranger, Rodrigué) promovían puentes entre mundo interno y mundo externo como los de Simbiosis y Ambigüedad, esenciales para la conformación del campo analítico y su entorno. Son antecesores que están presentes también sosteniendo formas de abordaje creativas, como los grupos operativos que apostaban a la fertilidad de los vínculos que tanto significaron para el psicoanálisis latinoamericano. Se trata, entonces, de una pluralidad de miradas que enriquece la percepción de los hechos en toda su complejidad, a su vez inabarcable y refleja, construyendo un espacio intermedio para enfrentar lo que acontece.

Entiendo que la pandemia trae lo inesperado, que nos deja atónitos y perplejos, experiencia que es vecina de lo que en el proceso analítico sentimos cuando merodeamos lo que llamamos la Otra Escena. Considero que esta perspectiva debiera ayudarnos a manejar lo desconocido, que sin embargo al mismo tiempo nos aporta nuevos elementos. Por cierto, nos remite a otras complejidades, ya que las experiencias intensas (traumáticas) cambian la dirección entre uno y otro extremo teniendo en cuenta que la clínica psicoanalítica es un trabajo de re-significación a posteriori.

Múltiples autores afirman que el mundo será otro después de la pandemia, y que ese mundo dará lugar a la producción de nuevas subjetividades. Hoy, en tiempos de modernidad liquida o vértigo civilizatorio como el que atravesamos, la metáfora que designe la experiencia psíquica debiera sugerir el movimiento, lo efímero, mutaciones consideradas como alternativas, donde algunas poseen un rasgo previsible y otras conducen por derroteros abruptamente inesperados.

Hemos trocado el rumbo desde el paradigma iluminista de apuntar a una causa prínceps y a un determinismo lineal para desembarcar en los paradigmas complejos, multicausales, con zonas de incertidumbre y el real inaccesible que toma el lugar del ombligo del sueño. Me vuelvo a reiterar al invocar a Stephen Gould cuando señala que la "variación", más que "la cualidad estable", es lo que caracteriza a la naturaleza y al pensamiento humano.

Por ello vuelvo aquí a proponer que no es lo mismo pensar o interpretar la humanidad de un sujeto centrándola exclusivamente en el fuero interior de sus pulsiones e identificaciones que pensar al sujeto inmerso en sus vínculos y acontecimientos imprevisibles.

Así, se lo presenta, en efecto, en esta Serie de libros sobre la Pandemia.

Prologo 2
Mutaciones

Ricardo Rodulfo

Desde el Renacimiento en adelante la cultura Occidental se las ha ingeniado cada vez mejor para curar enfermedades del más diverso tipo, a la vez que su accionar, de contra golpe, no dejaba a veces de provocar otras (la Iatrogenia): sabemos que llega a cifras muy altas en este plano. Tal vez debiéramos recordarlo para hacer menos apocalíptico el clima en lo que respecta al Covid-19 y sus mutaciones. Por otra parte hay una interpretación no poco religiosa que nos culpa de la irrupción de este virus, que asevera que se debería por entero su aparición a las supuestas malas maniobras nuestras con la naturaleza.

Sabemos que malas maniobras hay, pero no es lo único que hay: más allá de éstas nuestra estancia en la Tierra, con sus múltiples producciones culturales, es de por sí conflictiva respecto de un supuesto orden natural, tranquilo y pacífico. Por otra parte la geología y la historia de nuestro planeta ponen de relieve que ese supuesto orden natural pacífico resulta ser una invención de aquel mismo espíritu religioso, porque la historia de la humanidad está sembrada de gigantescas catástrofes, muchas de las cuales son muy anteriores a la emergencia del Homo sapiens.

Como recodaba un astrónomo inglés, cuyo nombre no he logrado retener, existe un mito naturalista acerca de una Madre Naturaleza que nos cuidaría si nos portásemos bien, lo que es totalmente falso, señala. En efecto, esa Madre Naturaleza es totalmente indiferente a nuestro destino; no le importamos, no nos cuida y el más banal accidente a escala planetaria, como una colisión entre la tierra y otros astros podría ser catastrófico aunque no hubiéramos cortado ningún árbol a destiempo.

Si queremos ser justos y menos "afiebrados" debemos reconocer que hay muchos enigmas no resueltos en torno al Covid-19 y otros virus recientes. Por otra parte la naturaleza no es una melodía donde todo se ensambla con armonía; antes bien todo funciona a destiempo. La velocidad de mutación de un virus para sobrevivir supera en mucho la velocidad de nuestras evoluciones culturales, aun de las más sofisticadas, no podemos seguirle el ritmo, solo podemos confiar en que, ciencia mediante, en algún momento lo atajaremos, como sucedió en tantas otras ocasiones.

Cabe valorizar cada vez más la diferencia que empezó a trazar Winnicott – y que yo he procurado desarrollar – entre la dimensión de la responsabilidad y la de la culpa. Una cosa es hacerse responsable del propio accionar, del bueno y del malo, y otra muy distinta internalizar un sentimiento de culpa muy peligroso. Este último, en lo que hace a nuestros funcionamientos psíquicos más violentos, evidencia que la culpa no es perdonable ni reparable: exige siempre los peores castigos y por lo tanto nos lleva a actuar para provocarlos.

Entonces si nos sentimos culpables porque hay un virus "correteando" por allí podemos llegar a hacer todo lo posible para favorecerlo a fin de satisfacer nuestro sentimiento de culpa. Desde la perspectiva de la responsabilidad, podemos observar que comporta importantes elementos racionales y bastante poder de los factores conscientes de nuestra personalidad. Por lo contrario, la culpa tiende a desencadenarse automáticamente de una manera totalmente irracional, y en la mayoría de los casos puede llevarnos a buscar nuestra propia muerte, nuestra propia destrucción.

En base a lo expuesto, deseo significar que tenemos varios enemigos en el escenario actual:

El **virus en sí mismo,** incluida su capacidad de mutación; **el accionar de los gobiernos** y de los intereses a los que estos gobiernos responden, ya que es una habilidad notable del capitalismo encontrar siempre agentes políticos y económicos que se benefician de lo peor. Así, un vistazo panorámico a muchas medidas de los gobiernos de todo el mundo nos pone enseguida en contacto con un gran número de sinsentidos sanitarios, algunos sumamente perjudiciales para la salud física y mental de la población, que en general suelen responder a la compulsión de repetición que, a su vez, les asegura su vigencia. Y eso para no hablar de los numerosos regímenes autoritarios y dictatoriales que asoman por todas partes, como suele ocurrir ante las catástrofes. El tercer factor, no menor tampoco, es que el **azar**, en su dimensión de buena suerte, lejos está de pelear siempre de nuestro lado, tal como podemos observar en el transcurso de la historia de la humanidad.

Estas coordenadas quedan también definidas en relación al presente volumen que otra vez debemos a la inteligencia de Hilda Catz, quien con paciencia y entusiasmo transmite y promueve en su grupo algunas de estas metas encomiables del trabajo psicoanalítico en pandemia. Enumero algunas: trabajar contra el sentimiento de culpa, y a favor de un incremento de la responsabilidad tanto individual como grupal. Trabajar para intensificar el pensamiento crítico de la mayoría de los ciudadanos, cuya ausencia se manifiesta de un modo grotesco en las politizaciones binarias suscitadas alrededor del mundo por la problemática del virus y su tratamiento. Entonces: trabajar, transmitir, contener, testimoniar y no dejar de recordar aquella verdad sostenida por Einstein acerca de la infinitud de la estupidez, palabra que da título a varios trabajos presentados por Hilda Catz en estos libros.

Por último, no debiéramos olvidarnos de destacar la importancia del desarrollo de experiencias culturales, tal como esta serie de libros escritos en y durante la Pandemia viene a testimoniar. Así pienso que estos libros constituyen un entramado complejo y creativo de enriquecedores y necesarios intercambios fructíferos que transmiten y dan cuenta de lo que estamos viviendo.

Ligados en redes que entretejen siempre el esencial elemento lúdico de la vida, considero que estos textos mucho pueden hacer para ayudar a sobrellevar y elaborar mejor situaciones potencialmente traumáticas, al enfatizar la importancia de las experiencias culturales y cooperar para su promoción enmarcándolas en el rubro de lo que deberían llamarse *actividades esenciales*.

Mutaciones. La clínica psicoanalítica en pandemia

Claudia Lucía Borensztejn

En tiempos donde la pandemia generada por un virus que no conoce de fronteras ha invadido el mundo entero y transformado a su paso todos nuestros sentires y emociones es necesario el albergue de un otro confiable y subjetivante que nos aloje para tramitar las huellas que esta peste dejará.
Carla D. F. Elena[1]

Introducción

Delia me vino a ver antes de la pandemia. Un año antes. 70 años, marido hijos nietos y una historia atrás. Tenía angustias propias de la edad y de su historia. Las de la edad eran en su mayor parte padecimientos físicos, que requerían seguimiento y cuidados. Había hecho psicoterapia, tomaba medicación ansiolítica sobre todo para dormir, a veces ante situaciones de estrés. Vino recomendada por su psiquiatra. Trabajamos con sintonía. Con simpatía. Tratamos una a una todas las situaciones que se presentaban, desandando prejuicios, ideas del deber ser, y creencias que enturbiaron su vida. Llegó la pandemia. Luego de un tiempo retomamos sesiones telefónicas. Cumplía la cuarentena y su vida había cambiado por completo. Dejó de viajar a ver hijos y nietos, todos fuera del país. Su marido dejó de trabajar. Siete meses después emigraron al país en el que uno de ellos vive con su fami-

<hr>

1 Elena, Carla (2019) Revista Sudestada, miembro de Forum Infancias Riorda, M.; Bentolila,S (2020) "Cualquiera tiene un plan hasta que te pegan en la cara-Aprender de las Crisis" Ed. Paidos -C.A.B.A. Nov.2020 ISBN 978-950-12-9948-9

lia. Seguimos trabajando con regularidad sólo interrumpida por algunos días previos y posteriores a la mudanza. Ahora el mundo es otro, la vida es otra y el hilo que nos conecta continúa. Hace unos meses hablamos de los cambios que enfrentamos. No son sólo cambios son *mutaciones*. Y de esas *mutaciones* ya no se vuelve. Los cambios pueden ser transitorios, las mutaciones definitivas.

Desarrollo
Una experiencia de mutación institucional

"Cualquiera tiene un plan *hasta que te pegan en la cara*", dice Silvia Bentolila, doctora asesora de la Dirección Nacional de Salud Mental, especialista en emergencias y desastres. En eso estaba, como presidente de la APA, durante los tres años que ya habían transcurrido, cuando se desató la pandemia y se decretó la cuarentena obligatoria. Hasta entonces tenía un plan y lo llevaba adelante con un gran equipo de colaboradores con quienes trabajamos intensamente en todos los ámbitos institucionales: científicos, organizacionales, financieros, de gestión, de conexión con instituciones, de difusión del psicoanálisis, en la universidad, en hospitales, en los foros legislativos, en los medios, en el Ministerio de Salud de la Nación. También había un plan puertas adentro de nuestra institución, en actividades científicas múltiples, en la formación de analistas, en reuniones de debate, en todo aquello que implicara el desarrollo y la producción de psicoanálisis. Hasta que nos golpeó la pandemia en la cara, casi literalmente. Fue entonces cuando decidimos poner el "pecho" y eso implicó pasar a un funcionamiento virtual. Lo hicimos inmediatamente, el clikmeeting que habíamos inaugurado tres años antes para conexión a distancia se convirtió en elemento exclusivo, pasando a tener de 50 a 500 conectados por encuentro, que empezaron a ser abiertos. Cómo dijo una colega al comenzar el confinamiento se des-confinó el psicoanálisis. Los seminarios iniciaron de inmediato por zoom y la formación a distancia se instaló en una escala global .

Decidí entonces y de inmediato poner a disposición de la sociedad una línea solidaria de atención para todos aquellos que estuvieran padeciendo a causa de la cuarentena. La llamamos *"Línea de atención APA – COVID"*. Nunca antes una sociedad psicoanalítica entera se había puesto a disposiciónn de la comunidad, de este modo. Sí, había habido intervenciones solidarias en muchos momentos de la vida institucional y muchos colegas en su trabajo ya lo hacían y aún lo hacen.

Lo que hicimos en APA, fue sencillo de organizar, no necesitaba de complicados protocolos ni autorizaciones complejas, sino simplemente el deseo de ayudar. Y eso es lo que está en la base de la profesiónn psicoanalítica : el deseo de ayudar, de aliviar el sufrimiento causado por factores tanto internos como externos de la vida. Se ha hablado mucho del furor curandis, de cómo el psicoanalista se debe cuidar de ese furor, eso desde ya, pero sin una verdadera vocación de ayudar, no hay posibilidad de ejercer el psicoanálisis como terapia.

Lo que ha venido a demostrar esta pandemia es algo que ya sabíamos: que el psicoanálisis prueba ser una herramienta de eficiencia en intervenciones breves en Salud Mental. Eso lo hemos comprobado, fundamentalmente a través del agradecimiento de las personas con las que nos hemos contactado. Muchas de ellas han recibido orientación, o derivación a otras instancias y sobre todo contención en la escucha. Lo esencial de estas intervenciones es que apelan fundamentalmente al reconocimiento del sufrimiento ajeno, en sintonía y empatía con el propio. Es la propia contratransferencia, altamente involucrada en este trabajo de escucha la que permite situarse en el punto exacto del dolor del otro, de su demanda, y responder a ella. Mucho más en situaciones en que analistas y pacientes somos atravesados por exactamente la misma angustia.

Los colegas altamente preparados, psicoanalizados, que han supervisado, y cursado seminarios de Freud y todas las escuelas post freudianas, estamos listos para escuchar, preguntando lo justo, restringiendo nuestra curiosidad sólo al servicio del interés del consultante. Para realizar este trabajo nos hemos alineado con la Dirección Nacional de Salud Mental y, personalmente, durante mi presidencia, formé parte del grupo *"Salud Mental Unida"* convocado por el Dr Hugo Barrionuevo, Director Nacional de Salud Mental, poniendo a disposición el trabajo de la Asociación Psicoanalítica Argentina. La respuesta fue inmediatamente aceptada, tanto por los colegas de la APA, quienes pudieron así realizar sus deseos solidarios, como desde la Dirección Nacional, que contó con la institución que formó parte de la "Línea Nacional en Emergencias y Catástrofes": un verdadero orgullo para la Asociación Psicoanalítica, este reconocimiento y posibilidad de trabajo, lo que nos permitió atender en el 2020 a más de dos mil consultas y que, cuando fue necesario, tuvo la atención y la derivación a los lugares pertinentes de guardias, servicios de psiquiatría, lugares especializados en atención de situaciones de violencia, de adicciones y todos los problemas graves que surgieron en las consultas que recibimos de todo el país.

En un principio, la tarea se realizó con un celular: yo misma recibía los llamados a la línea celular de la APA, y fui armando grupos de WhatsApp con los colegas que se ofrecían como voluntarios. Armamos 4 grupos en los que hubo 180 colegas, uno de ellos estuvo formado por colegas de Córdoba, que se sumaron también a la tarea solidaria.

Atendimos a muchas personas varadas en los aeropuertos y las acompañamos telefónicamente hasta el regreso a su casa. Cuando ya estaban en su casa nos mandábamos noticias entre nosotros, de modo de que esos grupos de WhatsApp de colegas se convirtieron también en un grupo de apoyo entre colegas, para ir comentándonos la evolución de los llamados, cuando todavía no estaba habilitado ningún tipo de servicio médico, y cuando las obras sociales no atendían en forma virtual.

También se habían suspendido las consultas en hospitales y ni siquiera los pacientes podían conseguir su medicación habitual, entonces fuimos de gran ayuda. Tanto los psiquiatras como los psicólogos trabajamos en conjunto y al mismo tiempo, eso nos daba energía y ánimo para hacer lo que hacíamos en la medida en que nos fuimos organizando e integrándonos con la Red de Ayuda Nacional, de la cual recibíamos los contactos en cada provincia, los servicios de urgencia, los contactos en cada lugar y, en la medida que fue instalándose esta situación, surgieron los protocolos de ayuda.

El que nosotros en APA adoptamos, fue el modelo de la primera asistencia psicológica: "PAP", difundido por el Ministerio de Salud en sus WebEx y, por otro lado, también fuimos haciendo historias clínicas breves, en donde constaba el motivo de consulta y el resultado de esa consulta, que en promedio consistían en tres o cuatro encuentros telefónicos .

El encuadre era elástico, la particularidad de nuestra organización y lo que permitió que fuera ágil, fue que no teníamos turnos con los profesionales, las personas que llamaban a ese celular institucional, era luego derivado al colega voluntario, quien en el plazo de pocas horas, se comunicaba con el consultante. Cada uno de los colegas puso su celular a disposición para hacer esos llamados y atender la consulta y no hubo nunca ningún problema para hacerlo. Durante los dos primeros meses, de este modo se atendieron quinientas consultas.

Al ver que la cuarentena continuaba y que las consultas también continuaban, a causa de la gran difusión que habíamos hecho de la línea solidaria para atención de problemáticas vinculadas con la Covid 19, en los medios, en las redes, en los canales de televisión, etc., decidimos organizarnos con una logística aún más compleja que permitiera que más personas se involucraran en ese primer llamado y fue así como diseñamos una con nuestro proveedor de internet y de acuerdo a mi experiencia en la atención telefónica, una plataforma de acceso. Este acceso es muy sencillo para cualquiera a través de un teléfono celular, y así continuamos la tarea .

La plataforma consta de varios ítems, hay un grupo de *derivadores* que son los que reciben esa primera consulta y hacen el primer llamado. Esa consulta primera se solicita muy simplemente llenando un formulario y, quien se inscribe, entra inmediatamente a formar parte de una planilla en donde figura la consulta como prioridad alta, mediana o baja.

La Red de derivadores, la categoría de los que hacen el primer llamado decide, siguiendo un orden, al profesional voluntario que podria hacerse cargo de cada consulta. El profesional también, muy simplemente, recibía en su correo electrónico el pedido de llamar por teléfono al consultante y podía aceptarlo o rechazarlo. A partir del momento en que se instrumentó la plataforma también se comenzó a incluir un documento de Google para que llenaran los profesionales voluntarios, que fuera directamente al Ministerio de Salud de la Nación, para futuros estudios epidemiológicos.

De modo que los profesionales voluntarios llenaban 2 registros: 1- el registro interno para la Asociación Psicoanalítica Argentina y, 2- un registro para el Ministerio de Salud de la Nación.

Trabajamos con las bases fundamentales del psicoanálisis, con la convicción de la existencia del inconsciente y su efecto en las vidas, en las angustias y en los padecimientos de los seres humanos, unida a la base social que determina nuestra situación particular en el mundo, moldeados todos por la cultura, la pertenencia a un país, a una clase social, a una lengua.

Es importante llevar adelante una política de salud mental que incluya al psicoanálisis entre sus premisas. Pero esto no es posible sin la inclusión de políticas de acción comunitaria de las Instituciones Psicoanalíticas. Tuve la suerte y el honor de estar en la Presidencia de la APA cuando comenzó la pandemia, cuando comenzó la cuarentena, y nos vimos privados de la vida social, y de las acciones que realizábamos cotidianamente. Y fue en ese momento, en que tuve la convicción de lo que teníamos que hacer.

Nunca con un teléfono se pudo hacer tanto. Es claro que todos teníamos ya, o al menos "practicábamos" con cierta experiencia previa, las sesiones a distancia, con pacientes que vivían lejos, a los que ya atendíamos de modo virtual, pero de pronto se impuso como la única opción posible para los tratamientos y para la atención psicológica.

No es lo mismo psicoanalistas trabajando en distintos lugares bajo una ideología de atención psicoanalítica, no es lo mismo psicoanalistas trabajando en distintos lugares en servicios de salud, como Jefes de Servicio, que una Institución Psicoanalítica volcada a la atención comunitaria, una institución que tiene como prioridad política la atención comunitaria y solidaria.

A eso nos volcamos y fue un giro de ciento ochenta grados en nuestra institución. La APA no será la misma después de la pandemia. Hemos encontrado en ella la voluntad de inserción de muchos de sus miembros en los problemas de salud mental nacional. Esto fue posible hacerlo por una razón esencial, había un gran deseo de dar esta ayuda solidaria y había una facilidad de poder hacerlo desde donde estábamos, desde nuestras casas, donde estábamos confinados. Teníamos el deseo y las herramientas, y logramos la organización.

Descartada la derivación de guardia o de líneas de abuso, violencia o intentos de suicidio que los psicoanalistas estamos preparados para detectar, las consultas quedaban en manos de los voluntarios que tenían flexibilidad de encuadre, para quedar en contacto, para llamar y conducir la consulta hasta su conclusión.

Podemos entender a partir de nuestra *CONTRATRANS-FERENCIA* mucho de lo que nos dicen quienes nos llaman y empatizar con ellos. La empatía es un factor fundamental en la tarea de contacto, apoyo y contención que realizamos. Los cambios en la técnica requieren el conocimiento de los dinamismos de la transferencia. Pero NO interpretamos. Reconocemos la validez de los sentimientos por lo que se nos consulta, y les damos lugar a su libre expresión. Es válido sentir angustia, miedo, incertidumbre, también cansancio y sentimientos de depresión o desgano. Estamos padeciendo un trauma que en la medida en que no cesa se vuelve acumulativo potenciando sus efectos. Hay mecanismos de defensa extremos tales como la negación o la parálisis. Entre esos dos extremos se ubica nuestra tarea de introducir palabras que aminoren, tanto una, como la otra.

A manera de conclusión

Debemos seguir cuidándonos y debemos vivir nuestras vidas aún con las restricciones que padecemos. Creemos en el poder de la palabra ya que al poner palabras a la angustia se produce el mayor acto de reconocimiento del otro. Pero si éstas están dichas en el contexto de una asistencia psicológica, realizada por un psicoanalista, éste tiene que adaptarse al encuadre de pocos encuentros, a dar orientación y consejo en vez de interpretaciones, diagnósticos, a responder a la demanda, a iniciar el contacto, a realizar seguimiento, a hacer registros con sentido de investigación clínica y epidemiológica.

Donar su tiempo, reconocer las transferencias y trabajar con aquellas que son positivas, a usar la contratransferencia de manera que ésta oriente el tipo de respuesta que debemos dar. Todo eso es parte de un plan de acción que sitúa la intervención psicoanalítica como elemento privilegiado en emergencias. Esta pandemia rubricó su eficacia a distancia en gran escala, como herramienta útil para el diseño de políticas de salud mental nacional. Confío en que no será solo un cambio de dirección transitorio, sino una verdadera *mutación institucional*. Ya no está en mis manos sino en las de los que me suceden, la transmisión de estos saberes resultado de la intensiva interacción entre la teoría y la práctica, teniendo presentes siempre las palabras que nos dijo el fundador del Psicoanálisis.

> *La ciencia moderna aún no ha*
> *producido un medicamento*
> *tranquilizador tan eficaz como*
> *lo son unas pocas palabras bondadosas".*
> Sigmund Freud

Claudia Lucía Borensztejn

Presidenta de la Asociación Psicoanalítica Argentina (2017 -2020). - Directora de la Revista de Psicoanálisis APA (2009- 2012). - Editora del Diccionario de Psicoanálisis Argentino (1a versión 2015 y 2da 2020). - Miembro del grupo editor y autora del Tesauro de Psicoanálisis de la APA (1985 - 1990) para indización de documentos de bibliotecas psicoanalíticas. - Cochair por Latinoamérica del Congreso internacional de la IPA (2013-2015). Boston 2015. - Integrante del comité latinoamericano del Diccionario enciclopédico de la IPA (2015-2016). - Integrante del Board IJP por Latinoamérica 2014/2018. Y actualmente a partir de 2021 - Reviewer del IJP desde 2014 hasta la fecha.
-representante electa por latinoamerica para el Board de la IPA 2021/2023
E-mail: claudiaborensztejn@gmail.com

En mitad del camino de la Pandemia me decía en sueños la Pitia oscura que el psicoanálisis sus paradigmas cambiar debería (parafraseando al Dante y al mito de Edipo)

Giuseppe Leo

Todo el globo está en pànico.
Que le pasó a la celebrada virtud del
pensamiento del iluminismo?
La capacidad razonable para asimilar la belleza
y la verdad que el Renacimiento
Italiano dio al mundo hace 500 años.
Hemos vivido màs allà de nuestra c
apacidad de equilibrio y de lógica desde entonces.
Pero ahora, pandemónium – demonios en todas partes.
(Robert D. Hinshelwood,
prólogo a la segunda edición de
“Environmental Crisis and
Pandemic. A Challenge for Psychoanalysis”,
editado por Giuseppe Leo, 2020)

El psicoanalista inglés Robert Hinshelwood, en este prólogo escrito en un estilo informal, continua su pensamiento ocupàndose de como la Naturaleza se consideraba en la época de Shakespeare: entonces habìa una distinción entre "heath" y "hearth". "Heath" consiste en los espacios vacios entre las casas y es un lugar de peligro, de bestias salvajes, de bandoleros y de locos, mientras que "hearth" es el calor y la seguridad del interior de la casa por medio del fuego que sirve para cocinar los alimentos.

Como las cosas han cambiado hoy en dia, cuando creemos que la naturaleza es domesticada! El analista británico destaca que durante cuatro siglos el género humano superó todos los peligros y està explorando nuevos mundos en el Espacio, pero que el sentido de triunfo y de omnipotencia – lo que llama la «Disneyficación » de la Naturaleza – podría dirigirse contra él, y que esta pandemìa podrìa representar una ruptura en esa excesiva confianza omnipotente.

Desde una perspectiva psicoanalítica, cuando la omnipotencia colapsa, es reemplazada por un sentido de impotencia vulnerable y de peligro. En esto 'pandémonium', es decir demonios por todas partes, la tan celebrada virtud del pensamiento del iluminismo parece ser eclipsada a nivel global. Mientras el virus reseca nuestra garganta y entrecorta nuestro aliento, la Naturaleza podría reclamarnos como suyas desamparadas criaturas. Hasta ahora nos hemos ocupado del cambio climàtico tranquilizandonos con nuestra omnipotencia – « lo hemos causado y en nuestra omnipotencia tenemos los medios para curarlo » – complaciendonos en la idea que somos los controladores del cambio climàtico, y que « el globo està allì simplemente para que nosotros lo manejemos para nuestros fines ». Al igual que con otros desastres que ocurrieron a la humanidad (como el Holocausto), tenemos un medio para convencernos de las falsedades que pueden evitarnos mucha preocupación. Y cuando esto ocurre a nivel global, cuando la civilización occidental se alimenta de ideologìas de desarrollo ilimitado, denegando todas las cuestiones sobre su impacto en la sostenibilidad ambiental, los psicoanalistas podrìan investigar como esta dinàmica inconsciente mistificadora podría influenciar en la angustia de los grupos y de los pacientes individuales.

En este sentido el psicoanàlisis contemporàneo ha hecho recientemente un « cambio de paradigma » (Kuhn, 1962) consistente en tratar los malestares de las civilizaciones emergentes de la extensión del dominio explicativo del psicoanàlisis no solo en la dirección de los fenómenos sociales y políticos, sino también en la comprensión del impacto de las cuestiones ambientales y ecológicas en la psique humana. Nuevos paradigmas necesitan nuevos conceptos como el término 'malestar pandemico' que inventé en el libro antes mencionado.

Con esto último me quiero referir a la obra de Freud «El malestar en la cultura » (Freud, 1929) para centrarme en estas mutaciones antropológicas, incluyendo la « expansión de la tecnologia y las mutaciones de la ecologìa », que representan « fracturas irreversibles que han llevado una parte de la humanidad a enfrentarse con la fragilidad de las structuras sociales y culturales en las que se basa », como dice Kaës, « la permanencia de una civilización, si no de la misma especie humana » (Leo, 2020, mi traducción). «Ocuparse de los malestares de las culturas lleva al psicoanàlisis a un desafío que aùn no ha sido completamente asimilado, o sea medirse con las dinàmicas sociales y no solo con lo que es intrapsíquico, algo asì como pensar estos cambios como 'condiciones extra-psíquicas', según Kaës, que ofrecen un cuadro o un 'setting' para la formación del aparato psíquico, de las formas de la subjetividad que provienen de esos y por los sufrimientos que han producido (Leo, 2015).

A mi parecer, el cambio actual de paradigma (Kuhn, 1962) que está gestándose en el psicoanálisis contemporáneo incluye tres prerrequisitos que analizaré en tres distinctos párrafos:

1)   Reevaluar el ENTORNO NO HUMANO como provisto de valencias curativas y protectoras para la psique NO MENOS DE ESO HUMANO;

2)   Ampliar el papel del psicoanalista más allá del ámbito clínico en la dirección de el "TESTIMONIO";

3) Por último, al igual que los psicoanalistas de los años setenta y ochenta han profundizado el tema de la TRANSMISIÓN TRANSGENERACIONAL de los traumas. Igualmente este nuevo paradigma tiene que medirse con la perspectiva de qué transmitir (o no transmitir) a las generaciones futuras, de qué mundo dejarles en herencia.

El entorno no humano

Con relación al primer prerrequisito, esto cambio de paradigma del psicoanàlisis se remonta a los años sesenta-setenta del siglo XX, por mérito sobre todo de los analistas argentinos, como Pichon-Rivière (1971) con el concepto de 'vínculo' asì cómo él de Puget y Wender de 'mundos superpuestos'. Desdes los años sesenta, con la imminente amenaza nuclear y el miedo de la destrucción del planeta (otro autor argentino de referencia es Silvia Amati Sas con su artículo "Megamuertos: unidad de medida o metafora?", 1985), los psicoanalistas comenzaron a reflexionar con màs cuidado sobre la relación hombre-naturaleza. Harold F. Searles fue el pionero de este cambio paradigmático introduciendo el concepto de 'entorno no humano' (Searles, 1960) con una significación tal que para él eso es el paso obligado entre el intrapsíquico y el interpersonal (Kassouf, 2017). La visión de Searles es una extensión de las intuiciones de Winnicott (1974) sobre el 'entorno humano' como ambiente facilitador de la relación madre-hijo, pero, al mismo tiempo, subrayando cómo las cosas inanimadas en el mundo tienen aún así una resonancia psíquica. El mundo vegetal, los animales, las estructuras arquitectónicas de los entornos domésticos y extra- domésticos, los utensilios y los muebles de la casa, todos estos juegan un papel igualmente determinante en la formación del ambiente afectivo y del entorno social para el desarrollo psíquico, especialmente en la infancia. Aunque según Searles los pacientes psicóticos no son capaces de distinguirse de su entorno, una psique sana se percibe como relacionada con el contexto no humano.

<<Con la palabra 'relacionalidad' ("relatedness") quiero decir, por un lado un sentido de afinidad ("kinship") íntima, psicológica concomitante a la afinidad estructural que ... existe entre hombre y los varios ingredientes del entorno no humano — afinidad estructural en términos de fisiología, de anatomía, de estructura atómica, etc., así cómo afinidad con respecto a la historia de la evolución del género humano y al destino biológico del ser humano individual (el ineludible destino de nuestro cuerpo físico de convertirse en una parte del entorno no humano después de nuestra muerte)>> (Searles, 1960, mi traducción).

Y más allá:

"El sentido de relacionalidad atenúa el temor de la muerte. Él ayuda [al hombre] también a encontrar un sentido de paz, un sentido de estabilidad, de continuidad y de seguridad. En fin, (...) él puede contrarrestar sentimientos de inutilidad y de insignificancia" (Searles, 1960, mi traducción).

Cómo escribe Susan Kassouf (2017): "Searles utiliza 'relacionalidad' ("relatedness") para indicar una especie de vínculo de paridad entre iguales, aliados o parientes, en el que no podemos dejar de prestar la atención. La aceptación de esto desafío implícito de Searles podría ser captada mejor por medio de la palabra 'incorporación' ("embeddedness') que enfatiza la dependencia extrema en la que existen seres humanos, con todas sus connotaciones infantiles de vientre, cuna y tumba? La incorporación ("embeddedness") humana — en contraposición a la relacionalidad (« relatedness ») — en el entorno no humano no puede ser ni evitada ni denegada. Ella conserva un sentido de separación y de agentici-

dad ("agency"), y puede ignorarse solo al precio de una gran disonancia cognitiva y psicológica" (Kassouf, 2017, mi traducción).

Psicoanalisis como testimonio

De la misma manera que los psicoanalistas de los años setenta y ochenta que, frente a los "desastres por la mano del hombre" (como los genocidas) (Bohleber, 2015), tuvieron que integrar el papel clínico con eso de "testigo", luchando contra las múltiples formas de negacionismo que se difundieron en el siglo XX, **el psicoanálisis del siglo XXI tiene que medirse con los riesgos de una catástrofe ecológica, denunciando cada posible negacionismo en este ámbito.**

Doce años después de publicar su ensayo pionero sobre el entorno no humano, Searles (1972) se quejaba de que continuaba <<*la falta de literatura psicoanalitica sobre este tema*>>, a pesar de que <<*la crisis ecológica es la máxima amenaza que el género humano jamás haya enfrentado colectivamente: nosotros los psicoanalistas debemos dar alguna contribución real ... para abordar la crisis ecológica*>> (Searles, 1972, mi traducción). En el su libro del 1960 él reconocía que una tal escotomización podría depender de algún tipo de ansiedad enraizada en la psique infantil:

<<*En mi opinión, mucho del retraso en nuestra llegada, en la profesión psicoanalítica, al reconocimiento de la importancia del entorno no humano es atribuible a la circunstancia que cada esfuerzo para penetrar esta área nos lleva a ese tipo de ansiedad que, supongo, todos conocemos muy bien desde nuestra infancia, cuando el mundo a nuestro alrededor parecía, a menudo, compuesto en gran parte o incluso por completo por elementos no humanos caóticamente incontrolables*>> (Searles, 1960, mi traducción).

Él destaca que esta ansiedad proviene no solo del sentimiento infantil de unicidad frente a un mundo caótico sino también de la pérdida de nuestro sentido infantil de un "self mundo omnipotente" (Searles, 1960).

Ademàs, Searles fue entre los primeros psicoanalistas en acusar a sus colegas psicoanalistas que, en lugar de interesarse por la cuestión, reaccionaban a su propia aparente "apatía" diagnosticando en sus pacientes preocupados por la crisis ecológica una "depresión psicótica, o esquizofrenia paranoide" (Searles, 1972). *«(…) él declara que la apatía generalizada que se observa en el género humano respecto de la crisis ecológica se basa ampliamente sobre defensas inconscientes del Yo contra angustias de varios tipos que se manifiestan en distintos niveles en relación con el desarrollo del Yo individual. Nuestra relación al medioambiente està llena de ambivalencia y de destructividad, y las defensas del Yo, oscilando entre dependencia y control, sumisión y explotación, envidia y gratitud, tienen que ver(…)»* (Schinaia, 2020) con niveles como el fálico y edípico, o con la posición depresiva de Klein o con la posición paranoide.

La actitud profética de indignación contra todos los que – no solo sus colegas – negaban cualquier preocupación por los problemas ambientales me recuerda una psicoanalista que en los mismos años trabajava con las víctimas de la tortura procedentes de la dictatura militar argentina: Silvia Amati Sas. En el 1985 ella escribió un articulo "Megamuertos: unidad de medida o metáfora?" (Amati Sas, 1985, véase mi reseña en italiano, Leo, 2020). El verdadero mensaje de indignación moral ya está presente desde el principio:

<<Para nosotros llevar a reflejar sobre la guerra nuclear tenemos que superar una fuerte resistencia, así este tema sacude las convicciones y las certezas que protegen nuestra alegría de vivir. Se trata de acercar la

"guerra sin nombre", el terror sin nombre que nos acompaña sin tregua en nuestro mundo nuclear. En cuanto psicoanalistas, profundamente envueltos en los temas humanos, tenemos preguntas que hacernos frente la terrible realidad nuclear, preguntas que exigen de nosotros nuevas reflexiones. El psicoanálisis se ocupa fundamentalmente de lo que llamamos el mundo interior, la realidad psíquica, o sea la vivencia. Una visión estricta de sí mismo hace que él sea estrechamente ligado a la relación entre analista y analizado en la cura o en el proceso psicoanalítico. Este es el baluarte del psicoanálisis, su fundamento. Pero, en cuanto ciencia de lo humano, el psicoanálisis genera suposiciones para explicar conductas y estructuras relacionales individuales así cómo grupales basadas en el conocimiento de la realidad psíquica. (...) Me sentí perpleja por la constatación que los efectos de un ataque nuclear se miden en "megamuertos", millones de muertos! (...) Eso me enfrentó a una verdad extraña y inquietante: todos aceptamos, sin ninguna crítica, el lenguaje técnico y de las ciencias físico-matemáticas, un lenguaje donde no hay emoción. (...) Y, paradójicamente, a medida que uno se acostumbra a hablar en estos términos fríos y desprovistos de afectividad, uno se "consuela" y pierde de vista la enormidad del problema>>(Amati Sas, 1985, in 2019, mi traducción).

Según la psicoanalista italo-argentina la creación científica de traumatismos y de situaciones extremas para manipular los seres humanos es típica de nuestra civilización. Tal manipulación puede ser entendida por medio del concepto de Bleger de "vínculo simbiótico" (Bleger, 1967). Entonces, cuando somos manipulados esto significa que alguien nos retrotrae en nuestra inseguridad primaria o nos ofrece una seguridad perturbadora (cómo esa ofrecida por las bombas atómicas) llevándonos a medirse con un dilema, una elección falsa que no podemos elaborar, discriminar o evaluar a solas.

Franco Fornari (1964) fue otro psicoanalista iluminado que exploró el psicoanálisis de la guerra nuclear *«donde, él afirmaba, la necesidad para cada hombre que puede considerar normal de verse envuelto de alguna manera en la culpa y en la responsabilidad por la posible destrucción de toda la humanidad, y subrayaba, entre otros sentimientos, la culpa inconsciente que todavía se puede encontrar en relación con el daño ecológico, pero que puede ser denegada y proyectada en otros que serán considerados responsables>>* (Fornari, 1964, mi traducción).

El psicoanalista como testigo, en este sentido, tiene que denunciar todo posible negacionismo en el ámbito de la catástrofe ecológica. *«Mientras los mecanismos de defensa, como fueron concebidos por Freud, eran vistos cómo defensas contra los deseos, las experiencias o los pensamientos incompatibles, y podían ponerse en relación con las normas sociales o culturales, los psicólogos sociales contemporáneos han aplicado tal comprensión a lo que amenaza la autoestima y la identitad. (…) Como sugieren Stoll-Kleemann, O'Riordan y Jaeger (2001), las defensas pueden también surgir en respuesta a amenazas y angustias socioculturales más amplias; pero pueden igualmente ser formas colectivas de defensa como la desmentida o la renegación>>* (Lertzman, 2015, mi traducción). Sally Weintrobe (2013), editor de un libro innovador, describe tres formas de desmentida: negacionismo ("denialism"), negación ("negation") y renegación (disavowal). El negacionismo surge de la desmentida, que consiste en un mecanismo de defensa que ofrece < <un medio para eludir la represión en la forma del tipo 'Digo esto [lo que ha sido reprimido] y no lo digo'; o sea, más apropiadamente, 'es verdadero y no es verdadero'>> (Litowitz, 1998, mi traducción). El negacionismo es definido por Diethelm y McKee (2009) cómo <<el uso de argumentos retóricos para dar una apariencia de legitimación a un debate cuando no hay ninguno, un enfoque que tiene el objetivo último de rechazar una proposición sobre la que existe un consenso científico>> (Diethelm, McKee, 2009, mi traducción). La negación es una afirmación por la que un hecho no es un hecho, por la que algo que es no es. Esto puede ocurrir <<cuando nos despertamos y leemos titulares de los periódicos sobre los incendios en California o sobre monstruosos huracanes con inundaciones de proporciones bíblicas o sobre temperaturas sobre 100°F y pensamos 'esto no puede estar ocurriendo'>> (Haseley, 2019, mi traducción). La renegación implica conocer y no conocer al mismo tiempo, <<representa una escisión vertical en el Yo frente la percepción de la realidad: 'lo veo y no lo veo'>> (Litowitz, 1998, mi traducción). Se trata de un mecanismo de defensa muy generalizado, frecuentemente empleado por nosotros y nuestros pacientes. Es cuando algo inquietante, que es conocido, es minimizado; en nuestro trabajo clínico él puede manifestarse cómo una versión de 'Sì, pero...'. Podemos ver tal fenómeno en un reciente artículo del New York Times que contiene gráficos tomados de las entrevistas realizadas en el "Yale program on Climate Change Communication" (Popovich et al., 2017). Los resultados afirmaban que la gran mayoría de las personas sabìan que el cambio climático es algo que está sucediendo; aunque las mismas personas al mismo tiempo estaban de acuerdo en que él las está dañando en los Estados Unidos, la mayoría no cree que él podría dañarlas en primera persona (Haseley, 2019).

Transmisión transgeneracional

> *No heredamos la Tierra de nuestros ancestros;*
> *la tomamos prestada de nuestros hijos.*
> *Es nuestro deber devolvérsela.*
> (Proverbio de los nativos americanos)

Los cambios masivos, a que me he referido antes, pueden conducir a una crisis de esas instituciones (garantes metasociales, como los llama Kaës, tomando prestado el término del sociólogo Alain Touraine) que aseguran un cierto sentimiento compartido de confianza en la convivencia social, en las intermediaciones entre intereses de grupos y clases diferentes, en el poder normativo de la ley (mitos y ideologías, creencias y religión, autoridad y jerarquía) que constituyen el cuadro y el fondo de los 'garantes metapsíquicos'. Estos últimos consisten según Kaës en las interdicciones fundamentales y en las leyes estructurantes, en las referencias para las identificaciones y en las representaciones imaginarias y simbólicas, en las alianzas, pactos y contratos que garantizan al mismo tiempo las bases para la organización de la psique y las condiciones intersubjetivas sobre la cual reposa.

Al mismo tiempo, el derrumbamiento de las creencias y de las grandes narraciones que proveían esos puntos de referencia de identificación necesarios para la estabilidad social y psíquica ha sido estudiado, por ejemplo por Serres, en el ámbito de los estudios sobre el postmoderno. Pero probablemente lo que ha sido estudiado más por el psicoanálisis es el tema de la transmisión de la vida psíquica entre las generaciones frente los traumas colectivos.

En este ámbito de reflexión psicoanalítica sobre la crisis ecológica la transmisión entre generaciones puede referirse a la desmentida no solo de la cuestión de qué mundo queremos dejar a las generaciones futuras pero también de qué denegaciones ellas podrán ser los destinatarios. Escribe Schinaia (2020):

<<*Junto con la belleza se valorizan el bienestar psico-físico y también el futuro de nuestros hijos y nietos, evitando que los modos negacionistas, las fosilizaciones psíquicas, hoy ampliamente presentes en la psiquis, puedan depositarse y reproducirse en la psiquis de las generaciones futuras, reproduciendo los graves daños que infligimos al medioambiente, como una hipoteca del antepasado respecto de su descendencia. En la transmisión entre las generaciones se produce un proceso de identificación que condensa una historia que en gran parte no pertenece a las generaciones futuras. Sustrayendo valor al contrato que lega cada uno al semejante y el semejante a cada uno, nosotros a la tierra y la tierra a nosotros, transmitimos los síntomas, los mecanismos de defensa, la organización de las relaciones objetales, los significantes, en donde se articulan las formas y los procesos de la realidad psíquica del sujeto singular con las formas y los procesos que se constituyen en los vínculos intersubjetivos, y más en general, en la relación con el ambiente*>> (Schinaia, 2020).

Gustavo Zagrebelsky, un especialista italiano en derecho constitucional, utiliza una linda metáfora de la responsabilidad que tenemos respecto a las generaciones futuras, metáfora digna de un psicoanalista:

<<*Las sucesivas generaciones no tienen derechos de reivindicar con respecto a las precedentes, pero estas tienen deberes hacia aquellas; tal cómo la situación de la madre, en relación con el niño cuando lo lleva en el vientre. También en este caso, si se habla del derecho a la vida del concebido se entienden precisamente los deberes de la gestante. [...] La responsabilidad para los que vendrán después de nosotros no está separada de como nos manejamos en nuestra existencia. Si violen-*

tamos la naturaleza, si hacemos a la Tierra infecunda e inhabitable, si destruimos las especies vivientes, si reducimos la humanidad a masas pasivas, incultas, manipuladas y manipulables, nos hacemos ante todo mal a nosotros mismos. [...] Presente y futuro están inextricablemente vinculados. [...] La tarea de los vivientes es preservar las condiciones de la vida biológica y su libertad. En primer lugar, para sí mismos, y también para sus hijos, y después los hijos para ellos mismos y para sus propios hijos, sin solución de continuidad>> (Zagrebelsky, 2017, pp.125, 128 y 130, mi traducción).

Otra linda imagen utilizada por Luc Magnenat es la del papel de "passeurs" transgeneracionales a lo que estamos llamados. Se trata de salvaguardar en esta transmisión transgeneracional el valor de los bienes comunes que son:

<<Los bienes necesarios para la transmisión y para la supervivencia de la vida de los seres humanos; en general, los elementos inorgánicos y orgánicos que constituyen la biosfera, sin los cuales los seres vivientes estarían privados de la posibilidad de sobrevivir: aire, agua y mar, tierra fértil, alimento, flora y fauna>> (Zagrebelsky, 2017, mi traducción).

En conclusión, con las lindas palabras de Schinaia (2020), *<<tener en cuenta el 'bien común' quiere decir sostener con fuerza el nexo primario entre paisaje y ambiente, evitar la explotación excesiva y no regulada de los recursos, y reconocer las necesidades comunes con otras especies y formas de vida, animales, plantas, minerales, con quienes compartir empáticamente y en equilibrio los recursos del planeta sin colonizaciones antropológicas, teniendo en cuenta la irreductibilidad de lo no humano a lo humano, de su autonomía>>* (Schinaia, 2020).

Bibliografía

AMATI SAS, S. (1985), "Megamuertos: unidad de medida o metafora ?" *Revista de Psicoanálisis*, 42, pp.1282-1372 (en el libro Ambiguità, conformismo e adattamento alla violenza sociale, Franco Angeli, Milano 2019).

BLEGER, J. (1967), *Simbiosis y Ambiguedad*, Paidos, Buenos Aires.

BOHLEBER, W. (2015), *"Civilization, Man-Made Disaster, and Collective Memory"*, in Psychoanalysis, Collective Traumas, and Memory Places, edited by G. Leo, Frenis Zero, Lecce (Italy).

DIETHELM, P., MCKEE, M. (2009), *"Denialism: what is it and how should scientists respond?"*,European Journal of Public Health, 19(1), p.3.

FORNARI, F. (1964), *Psicoanálisis de la guerra*, Siglo XXI, Madrid 1972.

FREUD, S. (1929) "El malestar en la cultura", en *Obras Completas*, Tomo XXI, Amorrortu, Buenos Aires 1995.

HASELEY, D. (2019), *"Climate Change: Clinical Considerations"*, Int. J. Appl. Psychoanal. Studies,16, pp.109-115.

HINSHELWOOD, R. (2020), *Preface to the book Environmental Crisis and Pandemic.* A Challenge for Psychoanalysis, edited by Giuseppe Leo, Frenis Zero,Lecce (Italy).

KASSOUF, S. (2017), *"Psychoanalysis and Climate Change: Revisiting Searle's The Nonhuman Environment, Rediscovering Freud's Phylogenetic Fantasy, and Imagining a Future"*, American Imago, Volume 74, Number 2, Summer 2017, pp.141-171.

KUHN, Th. (1962), The Structure of Scientific Revolutions, University of Chicago Press, Chicago 1970.

LEO , G. (Ed.) (2015), *Psychoanalysis, Collective Traumas, and Memory Places*, Frenis Zero, Lecce (Italy).

LEO , G. (2020), *Reseña en italiano del libro de Amati Sas "Ambiguità, conformismo e adattamento alla violenza sociale"*, L'educazione sentimentale, n.33.

LERTZMAN, R. (2015), *Environmental Melancholia*,Routledge, New York.

LITOWITZ, B. E. (1998), *"An expanded developmental line for negation: rejection, refusal, denial"*, Journal of the American Psychoanalytic Association, 46, pp.121-148.

MAGNENAT, L. (2019) (Edit.), *La crise environnementale sur le divan*, In Press, Paris.

PICHON-RIVIERE, E. (1971), *El proceso grupal. Del psicoanálisis a la psicología social* , Nueva Vision, Buenos Aires.

POPOVICH, N., SCHWARTZ, J., SCHLOSSBERG, T. (2017), *"How Americans Think About Climate Change, in Six Maps"*, The New York Times,March 21, 2017.

PUGET, J, WENDER, L. (1982), *"Analista y paciente en mundos superpuestos,* Psicoanálisis, 4, 3, pp.503-536.

SCHINAIA, C. (2020), *Inconsciente y emergencia ambiental,* Biebel, Buenos Aires.

SEARLES, H. F. (1960), *The Nonhuman Environment in Normal Development and Schizophrenia,* International Universities Press, New York.

SEARLES , H. F. (1972), *"Unconscious Processes in Relation to the Environmental Crisis",* Psychoanalytic Review, 59, pp.361-374.

STOLL-KLEEMANN, S., O'RIORDAN, T., JAEGER, C. C. (2001), *The psychology of denial concerning climate mitigation measures:* Evidence from Swiss focus groups, Global Environmental Change 11, pp. 107–117.

WEINTROBE, S. (Ed.) (2013), *Engaging with Climate Change: Psychoanalysis and Interdisciplinary Perspectives,* Routledge, London.

WINNICOTT, D. W. (1974), "Fear of Breakdown", *International Review of Psycho-Analysis,* 1, pp.103-107.

ZAGREBELSKY, G. (2017), *Diritti per forza,* Einaudi, Torino.

Dr. Giuseppe Leo

Psiquiatra, Psicoanalista,
Director ediciones Frenis Zero,
Lecce-Italia mail: assepsi@virgilio.it

Transformaciones y mutaciones psicodinámicas que estabilizan a las personalidades psicóticas

Jaime Lutenberg

Introducción

A partir de la segunda mitad del siglo XX, la favorable transformación científica del concepto de "psicosis", no ha dejado de sorprendernos. Durante estos últimos 75 años, han evolucionado significativamente:

a) la concepción teórica general de la psicosis.

b) se han categorizado con más precisión, las variedades clínicas de los pacientes psicóticos.

c) se han producido significativos cambios en la acción terapéutica de la medicación psicofarmacológica de las psicosis agudas y crónicas.

d) han cambiado radicalmente las indicaciones y las características de las internaciones institucionales de los pacientes psicóticos.

e) se han modificado muy favorablemente las técnicas de las psicoterapias individuales de los pacientes psicóticos.

f) se han generalizado las indicaciones de las terapias vinculares de los pacientes psicóticos (terapias de pareja, familiares, etc.)

g) se ha perfeccionado las técnicas de los tratamientos institucionales grupales, que involucran a todo el personal médico, de enfermería y a los pacientes que están internados en las instituciones psiquiátricas.

h) se han implementado exitosamente las denominadas "terapias laborales", en los tratamientos de rehabilitación social de los pacientes psicóticos, que han superado sus crisis psicóticas.

i) se ha modificado radicalmente el concepto de "paciente psicótico crónico incurable, internado en una institución psiquiátrica.

j) se han limitado a muy escasas y excepcionales indicaciones del electrochoque.

k) han disminuido las psicosis crónicas, debido a todas estas modificaciones terapéuticas trascendentes de los pacientes psicóticos, durante los períodos de inicio de su enfermedad.

Se trata de profunda revisión del concepto de psicosis que se inició hace poco más de un siglo en la historia de la humanidad[1].

Actualmente, a partir del momento en el cual el profesional reconoce las múltiples causas de una psicosis aguda, tiene a su disposición una enorme cantidad de recursos terapéuticos que hacen posible que el paciente que hoy presenta una psicosis aguda, no se instales en una "psicosis crónica" irreversible.

Se trata de una significativa *mutación conceptual científica global*, que incluye un cambio significativo en el enfoque de muchas crisis que afectan la salud física y mental del ser humano, como lo son las epidemias, las pandemias y las crisis sociales ocasionadas por los terremotos, la amenaza de un tsunami, etc.

Síntesis de algunas hipótesis teóricas

Desde la teoría psicoanalítica, sabemos que la "regre-

---

1   Foucault, M. (1964)*La Historia de la Locura en la época clásica. Tomo I Y II*. FCE Foucault, M. (1966) *El Nacimiento de la Clínica.* Ed. Siglo XXI

sión pulsional", en una de las razones que explican algunas de las psicosis agudas, teniendo en cuenta la trascendencia etológica de "las series complementarias", postuladas por Freud[2].

Para Freud, el pensamiento consciente es un proceso que ocurre en el yo, y está alimentado por la libido sublimada. Se trata de una significativa porción de pulsión de vida, que Freud denomina "indiferente", presente en el "ello" y en el "yo"; que puede combinarse selectivamente tanto con las pulsiones de vida como a las pulsiones de muerte, según lo afirma Freud en su artículo "El Yo y el Ello[3]".

Para M. Klein[4], Bion[5], Meltzer[6], H. Rosenfeld[7] y otros autores post kleinianos, las primeras experiencias perinatales, ya nos develan desde el inicio de la vida de un individuo, la forma perturbada de concebir los vínculos tempranos, de los futuros psicóticos.

Según Freud[8] el "yo", es una transformación del "ello" generada por la "percepción y por la identificación".

La evolución del "yo", depende de la continuación de ambos posesos de discriminación del "yo", a partir de sus raíces en el "ello".

[2]   Freud, S. (1916-7) Conferencias De Introducción Al Psicoanálisis. *Obras Completas.* Ed. Amorrortu

[3]   Freud, S. (1923a)   El Yo Y El Ello. *Obras Completas.* Ed. Amorrortu

[4]   Klein, M. (1955)   On   Identification.   Extraído   De *Envy And Gratitude And Other Works,*

[5]   Bion, W.R. (1957) *Differentiation Of The Psychotic From The Non-Psychotic Personalities.* I Jo Of ps.

[6]   Meltzer, D. (1973)   *Sexual States Of Mind.* Pertshire: Clunie Press.

[7]   Rosenfeld, H. (1965) *Psychotic States.* Nueva York: International Universities Press

[8]   Freud, S. (1923a) El Yo Y El Ello. *Obras Completas.* Ed. Amorrortu Freud, S. (1923b) La Organización Genital Infantil. *Obras Completas.* Ed. Amorrortu

Desde la perspectiva de la teoría de Freud, nos podemos preguntar:

¿Qué papel cumple la porción de "libido indiferente" cuando su monto de "energía desexualizada", se une preponderantemente a las pulsiones de vida?

Entiendo que cuando ello ocurre en el paciente psicótico, el mismo estará en mucho mejores condiciones de aprovechar, todos los aportes que le ofrecen los diferentes profesionales que lo atienden, para lograr que los problemas derivados de su psicosis se estabilicen y no generen nuevas crisis psicóticas.

Esta es una síntesis conceptual teórica, que me ayuda a entender, lo que podemos comprobar en la actualidad, los profesionales que atendemos pacientes psicóticos, borderline y pacientes que padecen de cuadros neuróticos graves.

De acuerdo con las hipótesis teóricas de Freud, podemos inferir que una crisis psicótica de una persona, se puede producir debido las siguientes mutaciones potenciales en su personalidad:

1) a una porción de la "libido indiferente", se le puede sumar un significativo monto de pulsión de muerte.

2) ello genera un desequilibrio pulsional que da lugar a un *"incremento de la tendencia a la "descomplejización y la desestabilización del yo y del superyo".*

3) lo cual produce la claudicación del equilibrio del yo, en lo que atañe a mantener en armonía entre el principio del placer y el principio de realidad. Por lo cual

4) Adquiere predominancia yoica, el principio del placer sobre el principio de realidad.

5) Ello condiciona un incremento de la intolerancia yoica a la frustración, que es la causa por la cual

6) Se desencadena una crisis psicótica ante una mínima frustración.

Bion se ocupó de teorizar acerca del pensamiento psicótico y del funcionamiento psíquico de la parte psicótica de la personalidad. En la actualidad, sus hipótesis siguen teniendo vigencia clínica y terapéutica. En particular, por el hecho de que los psicofármacos actuales, han facilitado las practicas psicoterapéuticas de los pacientes psicóticos que no están internados.

Su implementación bien dosificada, combinada con las terapias familiares, vinculares e institucionales, han facilitado la posibilidad de que los tratamientos psicoterapéuticos de base psicoanalítica de los pacientes psicóticos, sean más eficaces y estables.

En los inicios de la tercera década del siglo XXI, no se concibe el tratamiento de un paciente psicótico, que no incluya esta trilogía terapéutica. Actualmente, la internación institucional de los pacientes psicóticos, suelen ser transitorias.Todos los profesionales intervinientes, tampoco descartan la incidencia de las crisis sociales, en lo que atañe al desencadenamiento y la prolongación de las crisis psicóticas de los pacientes.

Al respecto, entiendo que vale la pena sintetizar algunos conceptos de Foucault[9], vinculados con la evolución y con los cambios que se han operado en la perspectiva diagnóstica y terapéutica de la psiquiatría, en estos últimos tres siglos.

En su clase del 14 de noviembre de 1973, Michel Foucault, hace una lúcida síntesis de la evolución de la atención de los pacientes psicóticos desde el comienzo del siglo XIX hasta nuestros días.

En dicha clase, denomina por él mismo "la gran escena fundadora de la psiquiatría moderna", toma con referencia de su disertación, a la escena en la cual Pinel ordenó romper las cadenas a las que estaban atados los denominados "locos furiosos".

9   Foucault, M. (1964) *La Historia De La Locura En La Época Clásica*. Tomo I Y II. FCE Foucault, M. (1966) *El Nacimiento De La Clínica*. Ed. Siglo XXI

En aquellas épocas, los denominados "locos furiosos", además de estar encadenados, estaban encerrados en celdas, en las cuales los aislaban.

A los "locos furiosos", se los encerraba y encadenaba, debido a que se temía que, si se los dejaba libres, estos enfermos psicóticos, en cualquier momento, podrían dar un curso libre a su furor impulsivo, lo cual los transformaba en un severo peligro para toda su comunidad.

Refiere Foucault que, contra todo lo previsto en aquellos tiempos, apenas le quitaron las cadenas y cuando *"los psicóticos fueros desatados de sus lazos esclavizantes"*, estos "locos furiosos" no atacaron a nadie, sino que, por el contrario, expresaron su reconocimiento a la persona que los liberó de sus cadenas.Es a través de ese sendero liberador, que Pinel les devolvió a los pacientes psicóticos, la fe en sí mismos.

Con el correr de los años, los enfermos psicóticos fueron entrando dentro de una nueva lógica de contención y atención terapéutica institucional, que se fue instaurando dentro del "conocimiento y del poder médico institucional", en lo que atañe a la posible curación de las personas que presentan síntomas psicóticos.

Esta sería, para Foucault, una de las dos escenas que marcan la fundación de la nueva psiquiatría. La otra escena que contribuyo al inicio de la nueva psiquiatría a la cual se refiere Foucault; ocurrió en Inglaterra y es la siguiente, según lo expuso Foucault de este modo:

"Es una escena importante porque pone en escena lo que podría ser, desde esa época, la práctica psiquiátrica en tanto que manipulación reglada y concertada de las relaciones de poder".

"Un monarca (George III[10], rey de Inglaterra;) cae en

---

[10]   Jorge III del Reino Unido (1738- 1820). Fue rey de Gran Bretaña y de Irlanda desde el 25 de octubre de 1760 hasta el 1 de enero de 1801, y a partir de entonces, rey del Reino Unido de Gran Bretaña e Irlanda, unidos, hasta su muerte. Durante su reinado, Jorge III sufrió una recurrente y finalmente permanente enfermedad mental.

la manía, y para lograr que su curación fuera pronta y más sólida, no se pone ninguna restricción a las medidas de prudencia de aquel que lo dirige.

El alienado (el rey), alejado de su familia y de todo lo que lo rodea, es relegado a un palacio aislado y se lo encierra en una habitación cuyas pisos y muros son cubiertos de colchones para que le sea imposible lastimarse.

Aquel que dirige el tratamiento, le repite que "no es más soberano, sino que en adelante debe ser dócil y sumiso" …. Sumiso al poder de su médico tratante.

Tales lecciones, repetidas por intervalos durante meses y secundadas por otros medios de tratamientos, han producido una curación sólida y sin recaídas" …

El análisis de esta segunda escena (la primera era la de "cortar las cadenas que ataban a de los locos furiosos"); lleva a Foucault a la conclusión de que se trata de un episodio de una *"curación mediada por el despojo de la identidad del soberano"* (Jorge III).

Esta destitución del rey, representa el inverso de la escena de su coronación como rey de Inglaterra. De este modo "se trata de ubicar al rey, bajo una dependencia total al médico que lo atiende; quien lo convence "terapéuticamente" que ya "no es más el rey".

Este es un acto trascendente de la historia de la psiquiatría al cual se refiere Foucault, ya que mediante este "acto profesional", el medico del rey, hace caer al rey, bajo un "poder médico".

De este modo, el poder en el cual se basa el médico, tiene un "origen" diferente al "origen" del poder que le de la soberanía que ostentaba el rey, y se impone sobre el poder del rey.

Se piensa ahora que padeció de la enfermedad sanguínea llamada *"porfiria"*, que ha afectado a varios monarcas británicos. Recientemente, los científicos han descubierto altos niveles de <u>arsénico</u> en el cabello del rey Jorge III, por lo que se podría suponer que ésta fue una posible causa de la locura y los problemas de salud de Jorge III.

Se trata de un poder anónimo, sin nombre, sin rostro, es un poder que está repartido entre diferentes personas. ...... el poder de la disciplina; el rey des- coronado, que debe ser vuelto "dócil y sumiso" por este nuevo poder.

Esta es la otra gran escena a ser destacada, lo esencial de dicha escena es la sumisión, la articulación de un poder soberano con un poder disciplinario ....

Considero que resulta muy trascendente este señalamiento de Foucault, referido al despojo de la autonomía de los psicóticos, como los que estuvieron internados en las instituciones manicomillos del siglo XIX y XX, y su obligado sometimiento al poder disciplinario de las instituciones psiquiátricas.

Entiendo que todas las formas terapéuticas actuales están destinadas a devolverle al paciente psicótico, la autonomía de su pensamiento y de su capacidad de tomar decisiones, sin ponerse en peligro él mismo, mi poner en peligro a otras personas.

Así como la parte neurótica de la personalidad encuentra su estabilidad, según Freud[11], mediante una adecuada instrumentación del mecanismo de represión, la parte psicótica de la personalidad, se "estabiliza" mediante el uso de diversos y complejos mecanismos de defensas psicóticas, que fueron muy bien tipificadas por Bion[12] y otros autores de diversas escuelas.

Por ese motivo, entiendo que los psicoanalistas y psiquiatras debemos tener en cuenta la trascendencia "estabilizadora para un psicótico", de estas defensas psicóticas configuradas por él mismo.

Vale la pena recordar que el "proceso patológico prima-

---

[11]   Freud, S. (1915a)La Represión. *Obras Completas*. Ed. Amorrortu
Freud, S. (1915b) Pulsiones Y Destinos De Pulsión. *Obras Completas*. Ed. Amorrortu

[12]   Bion, W.R. (1957) On Arrogance. Presented At The Twentieth International Psycho-Analytic Congress, Paris. International *Journal Of Psycho-Analysis*. Bion, W.R. (1967) Second Thoughts (Heinemann Medical: Reprinted London: Karnac Books, 1984)

rio de una psicosis" consiste en una vivencia confusional, en el cual predomina el estado de turbulencia emocional, el terror sin nombre, y una desorganización total del self.

Durante esos períodos iniciales de su psicosis, estas personas tienen, la sensación que su "yo" se puede desintegrar en cualquier momento.

"El proceso patológico secundario de la psicosis", corresponde a la "curación o mejora" del proceso psicótico primario". Se instala cunado en el paciente psicótico, empiezan a generarse los delirios y las alucinaciones psicóticas.

Se trata de defensas psicóticas muy primitivas, que le resultan operativas para generar su frágil equilibrio psicótico.

Los ataques psicóticos al pensamineto simbólico, y su relación con la "deconstrucción" y la "reconstruccción" del pensamiento y de la mente

Cuando prioritariamente predomina la pulsión de muerte sobre las pulsiones de vida, como ocurre con los pacientes psicóticos y con la "parte psicótica de los pacientes neuróticos"; cualquier movimiento psíquico vinculado con el inicio de un futuro pensamiento, genera en el psiquismo de esa persona un caos del pensamiento simbólico y un desmantelamiento de la coherencia de su yo.

Se trata de un proceso desestructurante del psiquismo que podemos homologar conceptualmente, a los procesos "deconstructivos".

Son procesos que ocurren en el pensamiento y en el yo, y generan lo que se denomina el *proceso psicótico primario*, que anticipa un próximo *proceso psicótico secundario*, en el cual se producen los delirios y alucinaciones psicóticas.

El proceso psicótico primario es un proceso de "deconstrucción", al cual le sigue el *"proceso secundario"*, de "reconstrucción patológica psicótica".

Para la explicación psicoanalítica de los mecanismos psíquicos que generan las "deconstrucciones psicóticas", la teoría de Bion[13] nos ayuda a entender muchos de los mecanismos de su génesis.

Según Bion, cuando ocurre una crisis psicótica de cualquier naturaleza, se altera en el paciente tanto su "función mental continente", como los "contenidos" de la mente, es decir, los pensamientos.

En este sentido resulta nuclear el concepto que Bion[14] denominó *"ataque a la función mental vinculante"*. Dicho "ataque a la función mental vinculante", está originada en una predominancia de las pulsiones de muerte sobre las pulsiones de vida.Esta predominancia está genéticamente condicionada y está relacionada con los otros factores que forman parte de lo que Freud[15] denominó *"La Teoría de las Series Complementarias"*.

Bion[16] describe las características de dicho ataque a la "función vinculante".

En el psiquismo psicótico, el referido *"ataque al vincular", es el reflejo de la "tendencia psicótica a destruir toda capacidad de uniones o inter vinculaciones objetales"*.

En este sentido, Bion concuerda con las hipótesis de Freud, quien ubica conceptualmente a la pulsión de

---

[13]   Bion, W.R. (1965) Transformations (Heinemann Medical: Reprinted London: Karnac Books, 1984) Bion, W.R. (1967a) Second Thoughts (Heinemann Medical: Reprinted London: Karnac Books, 1984)

[14]   Bion, W.R. (1959) Attacks On Linking. *International Journal Of Psycho-Analysis*, 40

[15]   Freud, S. (1916-7) Conferencias De Introducción Al Psicoanálisis. *Obras Completas*. Ed. Amorrortu

[16]   Bion, W.R. (1959) Attacks On Linking. *International Journal Of Psycho-Analysis*, 40

muerte, como "la tendencia a descomplejizar todo lo previamente complejizado, por las pulsiones de vida".

En su trabajo del año 1924, denominado *"El Problema Económico Del Masoquismo"*, Freud[17] teoriza acerca de las características clínica del problema teórico que propuso cuatro años antes en su obra *"Más Allá del Principio del Placer[18]"*.

Bion[19] plantea como concepto teórico nuclear de su visión del "ataque al vincular", su hipótesis de que la parte psicótica de la personalidad efectúa…. "ataques destructivos a cualquier cosa que siente como teniendo la función de vincular un objeto con el otro".

Esta propuesta teórica de Bion, puede ayudarnos a entender una multiplicidad de problemas clínicos, a la vez, que nos ofrece un abanico de nuevas posibilidades técnicas para tratar a los pacientes severamente perturbados, y a los pacientes psicóticos.

También nos ayudan a entender mejor los psicodinamismos de las anorexias nerviosas, de los problemas psicosomáticos, de las adicciones en general y los problemas sociales que se generan súbitamente en las sociedades humanas, a raíz de una pandemia, como la que se generó en el año 2020 en el mundo a raíz de la *"pandemia provocada por el coronavirus"*.

Dicha pandemia, dio lugar a que muchos países decretaron la *"cuarentena obligatoria"* por muchos meses, para disminuir el número de contagios de la población. De repente, el coronavirus se transformó en un "mortal enemigo invisible", para toda la humanidad.

---

[17] Freud, S. (1924d) El Problema Económico Del Masoquismo. *Obras Completas*. Ed. Amorrortu

[18] Freud, S. (1920) Más Allá Del Principio Del Placer. *Obras Completas*. Ed. Amorrortu

[19] Bion, W.R. (1959) Attacks On Linking. *International Journal Of Psycho-Analysis*, 40

En los inicios del año 2021 se están aplicando en el mundo, diferentes vacunas con las cuales se espera poder amortiguar los efectos de la pandemia.

La ansiedad paranoide vinculada con el potencial contagio del coronavirus, más el "encierro obligado" de la población, genera múltiples problemas psicodinámicos familiares y sociales, para cuya comprensión, el concepto de Bion "ataque al vincular", contribuye a iniciar o complementar un proceso de pensamiento específico del problema que hoy involucra a todos los tratamientos psicoterapéuticos.

Sintetizando diversos conceptos[20] vinculados con la capacidad de pensar del ser humano en general, y en épocas de crisis en particular, entiendo que existe un antagonismo de las transformaciones psíquicas que podemos resumir en esta ecuación:

"pensamientos –versus- identificación proyectiva"

Pensamientos o identificación proyectiva

Para un analista clínico, su capacidad creativa cambia de acuerdo con las variables de su estado emocional durante cada sesión.

Entre otros factores, dicha capacidad de pensar creativamente, también varía de acuerdo con sus posibilidades de elaborar los ataques que el paciente psicótico puede dirigir a su capacidad de registrar y reconocer las evidencias clínicas que surgen en cada sesión, de la combinación de la transferencia negativa y positiva del analizando.

Cuando el paciente psicótico logra atacar con éxito, la capacidad de registro consciente del analista, dicho analista se vuelve incapaz de desempeñar su rol profesional con eficacia.En esas circunstancias, la parte psicótica del

---

[20]   Lutenberg J. (2021) *"la Pandemia Por Coronavirus y La Orfandad Social"* Editado por Publicaciones Psicoanalíticas Lima.

analizando, puede sentir que ha eyectado eficazmente, en la mente del analista, su propia incapacidad de pensar.

Cuando se genera este nivel de problemas vinculares en una sesión, el concepto de *"deconstrucción desestructurante del pensamiento del analista"* resulta de mucha utilidad clínica para que el analista pueda intentar comprender y pensar, estos problemas de la transferencia negativa de los pacientes psicóticos.

El concepto de *"deconstrucción desestructurante del pensamiento del analista"* también adquiere mucha relevancia, en los momentos en los cuales el analista se dispone a pensar y reconstruir los acontecimientos de la sesión, cuando la sesión ya finalizó.

Es el momento en el cual el analista suele investigar la naturaleza de sus sentimientos contratransferenciales que ha vivido durante la sesión.

Es posible que en esos momentos post sesión, el analista sea mucho menos vulnerable a los ataques a su pensamiento, que el paciente psicótico pudo haber desplegado durante el curso de la sesión.

La detección de las resonancias contratransferenciales sobre su cuerpo, también son un punto de investigación trascendente en los momentos de reflexión post sesión del analista.

Muchas veces, la aparición en el analista de un dolor de cabeza en la sesión, de un cólico intestinal súbito e inexpiable, o de una rinitis alérgica del analista, reactivada en la sesión con un analizando, pueden ser los únicos referentes contratransferenciales de dichos ataques al pensamiento del analista. Se trata de una modalidad muy particular, bajo la cual se expresa la *"resistencia analítica"* originada en la parte psicótica del analizando.

Es conveniente que el psicoanalista sea capaz de intuir aquellos componentes de la realidad psíquica del paciente, que carecen de una imagen sensorial y perceptual conocida.

Se trata del tránsito por una vivencia de *"incertidumbre conceptual"*, que el analista debe de acostumbrarse a tolerar, sin formular hipótesis prematuras.Cuando la función mental continente del analista es adecuada, se abre la posibilidad de que, en la intimidad de su pensamiento, se generen frecuentes procesos de *"deconstrucción y reconstrucción"* de sus ideas e intuiciones.Ello favorece la posibilidad de que ese analista esté atento a la espontanea revisión que el analizando realiza respecto a las interpretaciones que el analista formula. Si el analizando de distintas formas no violentas, le sugiere al analista que su interpretación recién formulada es errónea, es trascendente que el analista pueda pensar que lo que el analizando le dice, puede no ser producto de la transferencia negativa del analizando, sino de todo lo contrario.

La transferencia positiva también se expresa mediante el hecho de que el analizando evite que el analista sostenga una hipótesis errónea respecto a lo que acontece en el vínculo transferencial en ese momento, y respecto a los contenidos del pensamiento del analizando. El *"ataque a la función vinculante de la mente del analista"*, puede expresarse mediante el hecho de que, un analizando disimule, reprima o niegue, los errores del analista que son evidentes para el analizando.

Cuando el analista efectúa la reconstrucción conceptual de su previa deconstrucción conceptual, con el fin de configurar una interpretación pertinente, lo hace en base a su capacidad sublimada de *"amar al analizando"* a través del *"vínculo de conocimiento"* que Bion[21] denomina K+.Dicha capacidad, suele reconocerla el analizando, cuando se siente bien comprendido por su analista.

---

[21]   Bion, W. R - (1974) Atención e Interpretación Paidos 1° Edición 1974. Buenos Aires Argentina. 1974

Bibliografía

Bion, W.R. (1957) On Arrogance. Presented At The Twentieth International Psycho-Analytic Congress, Paris. International Journal Of Psycho-Analysis.

Bion, W.R. (1957) *Differentiation Of The Psychotic From The Non-Psychotic Personalities.* Inteal Jou Of psycho- Analysis

Bion, W.R. (1958) *On Hallucination.* International Journal Of Psycho-Analysis, 39

Bion, W.R. (1959) *Attacks On Linking. International Journal Of Psycho-Analysis,* 40

Bion, W.R. (1967a) *Second Thoughts* (Heinemann Medical: Reprinted London: Karnac Books, 1984)

Ferrater Mora; J: (1999) *Diccionario De Filosofía.* 4 Tomos. Editorial Ariel Filosofía Tomo I; página 821)

Foucault, M. (1964) *La Historia De La Locura En La Época Clásica.* Tomo I Y II. FCE

Foucault, M. (1966) *El Nacimiento De La Clínica.* Ed. Siglo XXI

Freud, S. (1900) La Interpretación De Los Sueños. *Obras Completas.* Ed. Amorrortu

Freud, S. (1905) Fragmento De Análisis De Un Caso De Histeria. O Cs. Ed. Amorrortu

Freud, S. (1909) A Propósito De Un Caso De Neurosis Obsesiva. O C. Ed. Amorrortu

Freud, S. (1915a) La Represión. *Obras Completas.* Ed. Amorrortu

Freud, S. (1915b) Pulsiones Y Destinos De Pulsión. *Obras Completas.* Ed. Amorrortu

Freud, S. (1916-7)Conferencias De Introducción Al Psicoanálisis. O C. Ed. Amorrortu

Freud, S. (1923a)El Yo Y El Ello. *Obras Completas.* Ed. Amorrortu

Freud, S. (1923b) La Organización Genital Infantil. *Obras Completas.* Ed. Amorrortu

Lutenberg, J. (1979) *Ejes De Análisis De Los Sueños.* Actas. II Simposio De APDEBA

Lutenberg, J. (1998) "*El Psicoanalista Y La Verdad".* (Uso Clínico Del Concepto De   Verdad En La Práctica Psicoanalítica) Ed. Publikar.

Lutenberg, J. (2020) *"La orfandad social y la pandemia" en "La pandemia y después...una mirada psicoanalítica"* Hilda Catz y colaboradores. Ricardo Vergara Ediciones, Bs,Aires.

Lutenberg J. (2021) *"la Pandemia Por Coronavirus y La Orfandad Social"* Editado por Publicaciones Psicoanalíticas Lima.

Dr. Jaime M. Lutenberg

Miembro titular en función didáctica de la Asociación Psicoanalítica Argentina. Miembro de honor de Sociedad Peruana de Psicoanálisis. Profesor Titular del Instituto de APA. Miembro del comité académico y profesor titular de la Universidad de la Matanza. Director de la Maestría "Especialización en Psicoanálisis con Orientación Clínica en Adultos". Director fundador de la subcomisión "Opera Y Psicoanálisis" de APA. Ha dictado conferencias nacionales e internacionales. Coordinador fundador desde hace 18 años de un grupo de investigación teórica (Bion, Freud y Winnicott) y clínica en Lima. Becario de la IPA en un grupo de investigación clínica coordinado por André Green. He publicado 90 trabajos (en revistas nacionales e internacionales) y 12 libros como único autor y otros 8 libros en colaboración.

E-mail: jaimelutenberg@gmail.com

Mutatis Mutandis
Cómo sacar provecho de un mal negocio

Maria Cecília Pereira da Silva[1]

"Making the best of a bad job" Bion, 1979.

Bion (1979) dice que, ante la tempestad presente en el encuentro emocional de dos mentes, el analista debe procurar escuchar no solo las palabras, sino también el tono presente de una turbulencia emocional del paciente e incentivar el crecimiento mental, o sea, sacar provecho de un mal negocio tratando de cambiar lo que puede ser cambiado (Mutatis Mutandis).

Después de un año de pandemia tratare de compartir algunas reflexiones respecto de esta experiencia en la que todas las consultas cambiaron de un día para otro de lo presencial a on-line y como logramos dar continuidad y mantener los procesos analíticos con armonía, intimidad y encuentro emocional.

Comenzando por cómo se constituyen los primeros lazos emocionales para destacar así los recursos técnicos del analista en este nuevo contexto, ejemplificando con viñetas on-line.

¿Cómo se forman esos primeros vínculos?

La observación de la relación padres-bebé, según el método propuesto por Esther Bick (1967[1948]), es una experiencia privilegiada para descubrir cómo se confor-

---

[1] Miembro efectivo, analista didacta, analista de niños/niñas y adolescentes y docente de la Sociedad Brasilera de Psicoanálisis de São Paulo (SBPSP). Pos-doctora y doctora en Psicología Clínica y Maestría en Psicología de la Educación de la PUC-SP.

man los vínculos iniciales y las relaciones de intimidad. El encuentro placentero, como un momento sagrado (Winnicott, 1994[1965]) y como la belleza estética del encuentro con el objeto (Meltzer et Harris, 1990[1988])

Nando de 4 meses

Cuando la observadora llegó a la casa, el bebé estaba casi durmiendo mientras la niñera lo mecía y durmió con sus bracitos al costado. Cualquier pequeño ruido que se escuchase dentro de la casa, de la cocina o desde del jardín hacía que se moviera. Parecía que no estaba confortable. Él movía los ojos, a veces movía los labios como si estuviera mamando y encogía su cuerpo ante algún ruido del ambiente. A pesar de estar durmiendo, parecía estar en alerta. Después de unos minutos la madre llegó a la casa hablando fuerte con el bebé. Encendió el hogar y observó que él estaba con mucha ropa. Lo destapó un poco y criticó a la niñera (que no estaba presente) diciendo que ella lo arropaba mucho. Inmediatamente después, ella, curiosamente, comentó que hacía frío que estaba sintiendo frío. Miró a su bebé, se aproximó y comenzó a hablar con él: "¿vos no vas a mamar? vos dormiste, ¿verdad? si vos querés mamar sólo avisame así te lo doy. Yo vine acá pensando en darte de mamar". Entonces él se movió, abrió un poco los ojos y los cerró de nuevo volviendo a dormir. Ella se apartó del cochecito, se sentó en el sofá y comenzó a hacer llamadas de trabajo. Poco a poco, la observadora vió que él se desperezó, se refregó los ojitos, pero se relajó nuevamente. Su carita estaba relajada y sonrió aun durmiendo. Él paró de mover los bracitos y las piernitas y pasó a mover sus ojos. Estuvo así por unos 10 minutos y comenzó a moverse. La niñera volvió al living y en ese momento él abrió los ojos y comenzó a hacer algunos ruidos con la boca. Las dos, que estaban conversando, miraron a la observadora y se preguntaron si él se había despertado. La madre agarró al bebé para amamantarlo y se sentó con él en el sofá y volvió a conversar con la niñera y mirar el celular. El bebé comenzó a reclamar; estaba mamando, pero parecía que no quería que la madre conversara con nadie y que no mirase el celular. Ella terminó de conversar, dejó el celular y el bebé se calmó. La madre dijo que el pediatra la aconsejó para que lo amamante de sus dos mamas, pero ella sólo le daría de una, porque él vomita mucha leche después de mamar. Cuando termino de mamar la madre lo sentó sobre su regazo, de frente hacia la observadora y de espaldas hacia ella y la niñera se ofreció para tenerlo a upa y la madre aceptó rápidamente.

A partir de ahí fue un desencuentro tras otro. El bebé reclamó el regazo de la niñera al perder a la madre de su campo de visión, regurgitó y las dos demoraron para ofrecer alguna contención. La posibilidad de un encuentro íntimo del bebé con la madre se perdió.

Ellas se preguntaron qué es lo que quería y al ver a la madre, el bebé dejó de reclamar. La madre se acercó diciéndole "en manhês" (lenguaje de mamá) que él debería decir lo que quería, como no hablaba, ella no conseguía entenderlo y se fue a trabajar a otro lugar de la casa.

El bebé continuó impaciente en el regazo de la niñera que intentó colocarlo en el cochecito con algunos juguetes, pero continuó rezongando, entonces lo alzó y fue a otra sala para intentar distraerlo. El bebé continuaba rezongando. La observadora comentó que la niñera no estaba consiguiendo descubrir lo que él quería. La niñera cuchicheó que sabía que él quería el chupete. Ella entonces le acercó un mordedor que estaba colgado en el cochecito, y él comenzó a chupar el mordedor y paró de rezongar.

En este relato notamos que el encuentro íntimo tan esperado por el bebé junto a su madre se perdió después de amamantarlo y el bebé expresó su desilusión, protestando con todos los recursos que poseía: regurgitó y lloró.

La mirada contenedora de la observadora posibilitó que el bebé fuese comprendido y él finalmente, al chupar el mordedor, pudo unir partes de sí mismo.

A partir de esta escena podemos conjeturar que el mejor lugar del mundo para un bebé es junto a su madre. Sabemos cómo un bebé de una madre deprimida o que no tiene una mirada de encanto para con su bebé puede desarrollar síndromes psicosomáticas o inclusive cuadros de dolor crónico. Nando puede estar yendo hacia este camino. Con esta escena de observación de bebé me gustaría llamar la atención de algunos elementos que están presentes tanto en la dupla madre-bebé como en el encuentro analítico:

1- Sobre el establecimiento de una relación de intimidad

Nando nos muestra una experiencia viva de cómo están constituidas las relaciones de intimidad. Meltzer (1984[1982]) define una relación de intimidad, como una unión emocional intensa, rica y profunda, y tiene como calidad ser "delimitada por la atención selectiva", de ser un lugar confortable protegido de "toda estimulación irrelevante que emana del interior del cuerpo" y ser un lugar de exclusividad. Por lo tanto, el objeto de la relación íntima es el objeto continente.

El desarrollo emocional depende de la posibilidad de vivir la intimidad en las primeras relaciones y de tener nuestras necesidades afectivas atendidas y comprendidas por la disponibilidad y rêverie materna. Ante un estado de confusión y de incapacidad para pensar del cuidador respecto de la experiencia emocional que el bebé/niño esté viviendo, será la capacidad de continencia y rêverie del analista/observador que promoverá la integración y el proceso de simbolización y de pensamiento, rumbo hacia la experiencia de la intimidad.

En estas escenas descritas de observaciones del bebé están presentes un sistema de señales, que estimulan la acción, al paso que la madre con su capacidad simbólica conduce a la contemplación de ese encuentro. El encuentro emocional es esencialmente la comunicación entre dos mentes, un encuentro continente conformado por un "acople" de la atención de la madre con el deseo del bebé. Lo mismo ocurre en el encuentro analítico, el continente no es sólo la mente del analista, éste está formado por un "acople" de la atención del analista con la capacidad de cooperación del paciente (Meltzer, 1986[1975], p. 208; Meltzer et Harris, 1990[1988]; Houzel, 1991).

2 – Sobre la importancia de la narratividad

La función de la narratividad es unir. Promueve la integración de los diferentes sentidos y más tarde construye nuestra biografía emocional. Golse (2003, 2005) distingue 4 niveles:

Una narratividad sensorial y perceptiva que depende del trabajo psíquico del otro para integrar las experiencias sensoriales del bebé.

Narratividad corporal: lo que el bebé contará a través de su cuerpo, de sus comportamientos, figuraciones corporales pre-simbólicas, como los espirales de retorno propuestas por Haag (2008)[2].

Narratividad por medio de imágenes mentales: aque-

---

[2]   Haag describe los espirales de retorno, en el tiempo de la comunicación pre-verbal, de la sonrisa, de las expresiones faciales, de los comportamientos, de los movimientos. Toda esa comunicación pre-verbal prepara la comunicación verbal que vendrá más tarde. La comunicación pre-verbal, la llamamos de analógica entre el comportamiento y el afecto que es subyacente y esa comunicación pre-verbal no puede ser segmentada. En cambio la comunicación verbal es llamada digital porque puede ser entrecortada en pequeños dígitos de información.. La comunicación pre-verbal prepara la comunicación verbal y luego estas funcionarán juntas durante toda la vida.

la que utilizamos antes de tener una narratividad verbal, evidente cuando aún no hay un lenguaje.

Narratividad verbal: surge a partir del 2º año y se integra a las otras narratividades cuando somos capaces de contar las cosas por medio de las palabras. Puede ser fragmentada en palabras, frases, sílabas que podrán transmitir las ideas, los pensamientos que podrán narrar nuestra biografía e historia de emociones.

Ahora me gustaría destacar las marcas sensoriales vividas por el bebé que serán interconectadas por la narratividad. En el encuentro analítico de ese lenguaje preverbal, como un circuito de intercambio de emociones, deberá estar integrada a nuestra escucha de una forma transmodal como señaló Stern (1992) y tridimensional como propone Meltzer (1986 [1975]).

Será la función narrativa del analista – la construcción narrativa como una manera de encontrar, con el paciente, un significado, de forma dialógica, sin muchas rupturas interpretativas (Ferro, 2000), que será convocada en el setting on-line. La función narrativa del analista (Silva, 2013, 2016) se configura como una pasión, una emoción compartida, ejercitada en el seno de las sesiones, a partir del campo analítico (Baranger & Baranger, 1962). Se trata de una ampliación de la curiosidad, como un componente no sólo indispensable, pero sí primordial. La función de rêverie, digiriendo las identificaciones adhesivas (Bick, 1991[1968]; Meltzer, 1986[1975]) y proyectivas (Klein, 2004[1946]), emerge en la forma de una narrativa, especialmente en los casos en que hubo situaciones traumáticas precoces inaccesibles y no representadas o en los trastornos del espectro del autismo.

3 – Sobre la importancia de la sintonía, involucramiento y empatía

En el estudio descrito por Hobson (2004), realizado

por Murray y Trevarthen es posible observar la capacidad de sintonía e involucramiento de los bebés. Este estudio fue realizado con bebés de dos y tres meses, solos frente a una televisión: la pantalla aparecía la madre del bebé en directo en la pantalla, mirándolo. La madre estaba en otra sala, frente a una cámara que también ella miraba el televisor, así ella podía ver en vivo a su bebé que la miraba, las imágenes eran transmitidas por esa conexión bidireccional. A pesar de lo artificial, la mamá y el bebé conseguían interconectarse uno con el otro por medio del video, hasta que hubo una perturbación. En este caso, el agente perturbador en la interacción fue una demora de treinta segundos, producto de la conectividad. En esa secuencia, cuando el bebé actuaba y observaba el monitor, veía a la madre respondiendo a sus acciones después de treinta segundos, eran solo adecuadas para un momento diferente y no estaban en sintonía con lo que el bebé expresaba en ese momento. Demora que tuvo el efecto de generar una gran angustia para el bebé, apartaba los ojos de la imagen de la madre, no estaban en sintonía.

Podemos concluir que los bebés tienen una vida mental organizada expresada en el comportamiento innatamente formado para sincronizar con el comportamiento social de otras personas, capacidades que hacen posibles intercambios recíprocamente sensibles, perciben y reaccionan ante las expresiones de emoción de otras personas demostrando la sintonía afectiva entre un individuo y otro.

Las reacciones emocionales presentes en Nando confirman como los bebés tienen una percepción de sentimientos que estimulan sentimientos y extienden puentes entre la mente de una persona y de otra, y esa percepción llena de sentimientos es un aspecto abarcador del involucramiento personal del bebé. (Hobson, 2004; Stern, 1992; Golse, 2003)

La constitución de los primeros vínculos tiene que ver con el encuentro con el seno de la madre, con su recepción festiva a la primera mirada, primera sonrisa, primer paso o primera palabra del bebé, modelo que también nos ayuda a pensar en la creación de una relación de intimidad en el vínculo analítico, necesidad de sintonía, involucramiento y capacidad empática.

¿Cómo mantener esa calidad de vínculo e intimidad en el setting online? Precisamos de una escucha analítica que promueva y contemple la intimidad, el ritmo, la narratividad, la sincronía, la sintonía, la integración de los diversos sentidos, la flexibilidad, la maleabilidad, la continencia y la rêverie.

Marzo de 2020

Cuando llegó la pandemia, no dudé y avisé a mis pacientes que pasaría a atenderlos de manera online: niños/niñas, adolescentes y adultos. Mi curiosidad y el desafío ante ese misterioso y desconocido *virus*, no me paralizaron... He experimentado ese futuro incierto con el deseo de conocerlo y agradezco a mis pacientes que me acompañan en esta aventura. Entonces, me mantuve "firme al frente de la batalla" (Bion, 1979).

Además de eso, continué acompañada con la capacidad de soñar, de imaginar y de jugar, porque estas no quedan confinadas. (Freud, 1966[1920]; Klein, 1952; Winnicott, 1958[1951]; Bion, 1990[1962]; Meltzer, 1984). La posibilidad de mantener nuestra curiosidad y capacidad imaginativa, de tener esperanza, desear, proporcionar varios horizontes, ofrece una perspectiva de futuro, para ir hacia adelante.

El consultorio es un lugar privilegiado para el ejercicio de nuestra profesión, con protección para las fantasías terroríficas, envidiosas y destructivas, proyecciones de todo tipo en un lugar seguro y discriminado de los otros ambientes habitados por el paciente, pero contando con el método psicoanalítico y el setting introyectados es posible trabajar en las situaciones más adversas. ¿Por qué funciona? Funciona porque contamos con varios instrumentos de la teoría de la técnica psicoanalítica que nos acompañan.

¿Qué recursos tenemos?

En este nuevo tiempo destaco algunos recursos de la teoría de la técnica que promueven el encuentro analítico en la clínica online.

La capacidad de continencia. Así como somos capaces de tener continencia ante las turbulencias emocionales o resistencias, ante las tempestades, congestionamientos u otros obstáculos que impiden el encuentro analítico en el setting presencial, también contamos con esa capacidad para todas las adversidades presentes en el setting online, se corta la señal, se agota la batería, …

La capacidad negativa y tolerancia a las incertidumbres, propias de cualquier hacer psicoanalítico, ante la pandemia son exigidas al extremo para lidiar con las angustias de nuestros pacientes ante lo desconocido y de un futuro incierto. La sensibilidad para la escucha de estados arcaicos de la personalidad buscando representación para experiencias de un tiempo sin palabras *(Roussillon, 2015)*, así como para integrar vivencias sensoriales captadas, ofrece narratividad que transforma la bidimensionalidad de la pantalla en una dimensión tridimensional. (Meltzer, 1979[1975])

La maleabilidad es una condición psíquica del analista para manejar las situaciones inesperadas que se presentan en las situaciones clínicas presenciales y que llevamos al trabajo online (Roussillon). Así como ser capaz de co-construir, co-crear (Lebovici, 1986, 1993) junto con mis pacientes ese nuevo setting.

La capacidad de pensar nos mantiene firmes al frente de las batallas, como nos destaca Meltzer (1992): "Pensar por sí mismo significa pensar con el objeto interno", porque "el objeto interno integrado aprende antes del self y, casi con seguridad, es la fuente del pensamiento creativo y de la imaginación." (p. 59) Contamos con nuestra capacidad de mantener el foco en lo intrapsíquico, abstrayendo el entorno para escuchar el diálogo de los objetos internos.

El análisis de experiencias de contratransferencias y sus elaboraciones presentes en la escucha y en las intervenciones, cimientan el vínculo y la interacción analítica. Meltzer destaca el impacto de los elementos no verbales en la contratransferencia, ofrecen más vitalidad a las interpretaciones en el encuentro analítico, encontrando una convergencia o reciprocidad entre analista y analizado" (Meltzer & Harris, 1990 [1988]).

Integración de aspectos sensoriales y de los diferentes sentidos. En el trabajo online siento que necesité aguzar aún más mis sentidos para alcanzar totalmente las situaciones transferenciales. Ampliar mi "radar" para rastrear señales sensoriales, emociones, silencios... Transformar lo bidimensional en una experiencia tridimensional (Meltzer, 1979[1975]) y para integrar experiencias y percepciones sensoriales que resplandecen en la pantalla, por la construcción de un proceso transmodal (Stern, 1992; Mendes de Almeida, 2020), muy presentes en las relaciones iniciales como describí en el inicio.

Capacidad de convocación: con algunos pacientes, especialmente los niños, fue necesario hacer uso de un teatro con las manos/títeres y convocación, cuando ciertos estados mentales demandan una acción más intensa y una insistencia vitalizadora para el mundo de los Bio-significado (Alvarez, 1992).

Función narrativa, derivada de la función y de la capacidad de rêverie, implica una postura activa y convocadora (reclamadora/de investidura) en el sentido de ofrecer al paciente continencia emocional y sonora, prestar emociones, pensamientos, significados, representación, proporcionándole una nueva experiencia emocional organizadora de sentido y facilitadora de conocimiento, trabajando con los pensamientos oníricos con imágenes visuales, como en los sueños y en los devaneos. (Silva, 2013, 2016)

Experiencia clínica online: Viñeta del análisis de una paciente adulta

"Diga lo que quiera de las maravillas de la tecnología, pero pantalla es pantalla, como dijo una colega una vez, "como hacer terapia usando profiláctico. (…) Además de escuchar y ver, existe algo menos tangible, pero igualmente importante: la energía en el consultorio, el estar juntos. Uno pierde aquella dimensión indescriptible cuando no está compartiendo el mismo espacio físico. También existe la cuestión de las caídas de sistema…Al reiniciar el Skype, el momento había pasado y nuestro tiempo se había agotado".
(Gottlieb, 2020, p. 153-4)

Concluyo con una viñeta clínica, que, a pesar de no tener toda la experiencia y la lectura corporal presente en el consultorio, el encuentro emocional ha sido posible. Iniciamos la sesión saludándonos por la pantalla y luego apagamos la cámara. Estaba cerca de mis vacaciones de invierno, ella comienza contando un sueño donde revive escenas de su infancia traumática. Se encuentra en la casa donde vivió en su niñez y transita por el patio hasta un granero en una noche oscura. En el granero escucha sonidos y sombras que la asustan y se acurruca entre las pajas, queda acorralada…. Entonces, realiza varias asociaciones con situaciones en que se sintió desamparada desde pequeña y hoy en día con la sobrecarga de responsabilidades que viene asumiendo en la vida afectiva y profesional. Voy aproximándome a ese material cautelosamente, como ella en el patio, y, finalmente, digo que tal vez ella tema que yo desaparezca para siempre y la deje sola en el granero con todas sus fantasías internas no recogidas. Ella acepta y se produce un largo silencio ... yo aguardo. Ella entonces me dice: Cecilia preciso hablarte que estoy llorando... quedé emocionada...

Esta frase me tocó profundamente, a pesar de que ella esté diciéndome que hubo un encuentro emocional, muchos sentimientos eclosionaron dentro de mí. Por un lado, sentí satisfacción, porque a pesar de la distancia impuesta por el trabajo online fue posible captar uno de los elementos significativos del sueño y, por otro lado, sentí mucha indignación por estar online, y que yo podría haber observado en tiempo real y en color si estuviera en el consultorio.

Difícilmente esto habría ocurrido en el consultorio e hizo que me sintiera como si fuera una madre que no estaba sintonizada con su bebé y entonces pasé a aguzar aún más mis sentidos para mantener el clima de intimidad y sintonía, no solo con esta paciente, sino con todos.

Recientemente, cuando estábamos ante el recrudecimiento del aislamiento social debido a las nuevas cepas, ella inicia la sesión diciendo que me extrañaba, se queja de cómo esta pandemia está durando mucho y va a hacer un año que no nos encontramos presencialmente. Pienso, con mucho pesar, que de hecho no sé cuándo podremos volver. Tanto tiempo... y ella enseguida recuerda un sueño. Cuenta que un cliente quería pagar por la compra, pero ella no conseguía acordarse del importe. Piensa un determinado valor, en seguida percibe que el valor es mayor, era una cuenta simple que ella no consigue resolver. La fila de clientes aumenta, toma una calculadora, se esfuerza y nuevamente no consigue. Pide ayuda a un hombre y cuando él está en el medio de la operación ella se aleja y se siente aún más angustiada, se despierta cansada de intentar tantas veces.

¿Qué será lo que ella me está contando? ¿Qué elementos afectivos ella no consigue sumar? Observo que hay una sobrecarga emocional, una más que no es posible elaborar. ¿Sería una queja transferencial? Me acuerdo que esta sería la sesión en que debería pagar mis honorarios. Solo digo que parece que tiene una cuenta que no cierra.

Ella asocia con diferencias presentes en diversas relaciones afectivas y la sesión continua. Ella habla como que le gusta aprender, diferente de estudiar, de cómo es curiosa, y recuerda de sus viajes en micro con su abuela en las vacaciones escolares. Finalizo diciendo que tal vez tenga una cuenta que no cierra en esa experiencia online, aunque ella pueda hablar de las nostalgias de otro tiempo.

En la siguiente sesión trae otro sueño. Está saliendo de una fiesta, con ropa elegante y camina muy segura hasta el aeropuerto. Llega y comienza a leer algo en la pared, y es asediada por un actor de la televisión. Él le cuenta como es difícil la vida con muchas personas asediándolo, que no puede ir a ningún lugar, porque las personas lo reconocen. Nada está dicho, pero ella sabía que era una escena de flirteo. El tiempo pasa, y en un segundo momento, va nuevamente al aeropuerto, con ropa común. Una enfermera, que se presenta como Cecilia, se aproxima y le pide que la acompañe hasta un lugar alejado del aeropuerto. Era una sala donde había otras personas, todas vestidas de blanco y hay una camilla. De repente percibe que no son enfermeros de verdad, es un escenario. Este escenario de teatro fue armado para un encuentro con aquel actor sin que nadie del aeropuerto notara. Ese impacto la despierta.

La nostalgia de la sesión anterior, viene a mi mente, y digo que estoy pensando que ella está sintiendo falta de nuestro trabajo en el consultorio real. Asocio los vuelos que pudo realizar con su abuela.Ella dice que siente falta del olor del consultorio, de las flores que se cambiaban a cada semana, del escritorio con nombre francés... Ella describe de forma estética.... y se emociona. Yo también.

Hay una queja por la falta de los aspectos sensoriales

que componen el encuentro presencial, de alguna manera siente que la relación online queda más bidimensional. ¿Cómo transmitir la captación de una realidad ultra sensorial, más allá del significado cotidiano, concreto, de referencia? Traté de transmitir mis impresiones captando señales multi-sensoriales, usando las palabras más allá del significado cotidiano, buscando expandir la experiencia más allá de afirmaciones bidimensionales, creando un campo más onírico.

Reconozco la falta que hace el contacto presencial, aunque la narratividad de ese momento presente esté siendo posible, con elaboración onírica, con encanto, belleza estética, manteniendo vivos en la mente los olores, voces, asociaciones libres, pensamientos que se conectan y transitan, y recuerdos de nuestros encuentros presenciales.

Digo eso y agrego que el sueño tal vez presente una queja de nuestro trabajo online, ella siente que su elegancia es imaginaria, sin vuelos y con un escenario armado, como un *trompe l'oeil*. A pesar de eso, ella y yo, estamos sacando provecho de ese mal negocio.

De esta forma espero haber compartido como ha sido posible a través de los sueños, de los devaneos y de la imaginación de expresar una verdad, promover una experiencia emocional y acogimiento de vivencias arcaicas. Nuestra pasión y compromiso con la verdad es lo que posibilita que el hacer psicoanalítico se mantenga vivo y mutandis en este momento tan difícil en que vivimos.

Referencias Bibliográficas

ALVAREZ, A. (1992). *Wildest dreams and lies. Chapter 14 in Live Company: Psychoanalytic Psychotherapy with Autistic, Borderline, Deprived and Abused Children.* London: Routledge.

BARANGER, W. & BARANGER, M. (1962). La situación analítica como campo dinâmico. *Rev. Uruguaya Psicoanal*, 4(1), 3-54. 1962.

BICK, E. (1967[1948]). Notas sobre la observación de lactantes en la enseñanza del psicoanálisis. *Rev. Psicoanal*, v.24, n.1, p.97-115, Buenos Aires, 1967.

BICK, E. (1991[1968]). *A experiência da pele em relações de objeto arcaicas. In: Melanie Klein: desenvolvimento da teoria e da técnica.* Vol. 1, Rio de Janeiro: Imago Ed. pp. 194-198.

BION, W. R. (1990 [1962]). U*na teoría del pensamiento. In: Volviendo a pensar.* Buenos Aires: Ediciones Horme S.A.E., 1990, pp.151-64.

BION, W. R. (1979). Como tornar proveitoso um mau negócio. *Revista Brasileira de Psicanálise.* São Paulo: ABP, 1979. V. 13, n.4, 1979, pp.467-78. P 100.

FERRO, A. (2000). *Narrações e interpretações. In: Ferro, A. A psicanálise como literatura e terapia.* Tradução: M. Petricciani. Rio de Janeiro: Imago. pp. 17-32. 2000.

FREUD, S. (1966 [1920]). *Beyond the pleasure principle.* Standard Edition XVIII. London: Hogarth, 1966.

GOLSE, B. (2003). *Sobre a psicoterapia pais-bebê: narratividade, filiação e transmissão.* São Paulo: Casa do psicólogo.

GOLSE, B. (2005). Os destinos do originário - Intervenção inicialmente planejada no âmbito do Congresso Nacional, organizado por ocasião dos cem anos dos "Três ensaios sobre a teoria sexual", de Sigmund Freud: "100 anos depois ... Sexualidade infantil hoje" Espace Pierre Cardin, Paris, 28 e 29 de janeiro de 2005.

GOTTLIEB, L. (2020). *Talvez você deva conversar com alguém: uma terapeuta, o terapeuta dela e a vida de todos nós.* Trad.: Elisa Nazarian. 1.ed.; 2. Reimp. São Paulo: Vestígio, 2020. Pp.153-154.

HAAG, G. e All. (2008). Avaliação psicodinâmica de mudanças em crianças com autismo sob tratamento psicanalítico. In: *Livro Anual de Psicanálise.* Tomo XXI – 2008. São Paulo: Escuta Ed. [137-153].

HOUZEL, D. (1991). *Identificação introjetiva, reparação, formação de símbolos.* São Paulo: SBPSP, 1999. 12 p. Notas: Original Publicado em: J. Psychanal. L'enfant,10: 46-72, 1991.

HOBSON, P. (2004). *Before thoutht. In: The cradle of thought*. Pan Books, 2004. Cap. 2

KLEIN, M. (2004[1946]). *Notas sobre alguns mecanismos esquizoides*. In: Inveja e Gratidão. Rio de Janeiro: Imago. p.17-43.

KLEIN, M. (1952) Some theoretical conclusions regarding the emotional life of the infant. In: *The Writings of Melanie Klein Vol. 3* London: Hogarth.

LEBOVICI, S. (1986) *À propos des consultations thérapeutiques. Journal Psychanalyse de l' Enfant*, 3:135-152.

LEBOVICI, S. (1993) *On intergenerational transmission: From filiation to affiliation*. Infant Mental Health Journal, v. 14, n. 4, 260-72.

MELTZER, D. (1979[1975]). La psicologia de los estados autistas y de la mentalidade posautista. In: Melzer, D. et all, *Exploracion del autismo: um estúdio psicoanalítico*. Buenos Aires: Paidós Ed.[27-39].

MELTZER, D. (1986 [1975]). Identificação adesiva. *Jornal de Psicanálise*, ano 19, n° 38, 1986.

MELTZER, D. (1992). *The Claustrum*. Reprinted 2008, Harris Meltzer Trust and Karnac.

MELTZER, D.; HARRIS, M. W. (1990 [1988]). *La aprehensión de la belleza*, Spatia ed., Bs. As., 1990.

MENDES DE ALMEIDA, M. (2020). Pandemia e trabalho psicanalítico, do presencial ao remoto. In *Revista Brasileira de Psicanálise* Vol. 54, n. 3, pp. 65-80.

ROUSSILLON, R. (2015). Para introduzir o trabalho sobre a simbolização primária. In: *Revista Brasileira de Psicanálise*. Vol. 49, no. 1, pp. 33-46.

SILVA, M. C. P. (2013). Uma paixão entre duas mentes: a função narrativa. *Revista Brasileira de Psicanálise*, 47(4), 69-79. 2013.

SILVA, M. C. P. (2016). *The Analyst's Narrative Function: Inventing a Possibility*. Int J Psychoanal. 98 (1), 21-38. 2016 Nov 17.

STERN, D. N. (1992). *O mundo interpessoal do bebê: uma visão a partir da psicanálise e da psicologia do desenvolvimento*. Porto Alegre: Artes Médicas.

WINNICOTT, D. W. (1958 [1951]). *Transitional objects and transitional phenomena*. In: Collected Papers: Through Paediatrics to Psycho-analysis. (1958) London: Tavistock. pp 229-242.

Maria Cecília Pereira da Silva

Rua Cristiano Viana, 401/407
CEP 05411-000- São Paulo, Brasil
mcpsilv@gmail.com

Los duelos del diván

Ruth Axelrod Praes

La palabra   es entonces propiamente,
el resto mnémico de la palabra oída.
(pag. 23, El yo y el ello, 1925)

El pensar en imágenes es solo un imperfecto devenir-consciente,
además de que en algún modo está más próximo a los procesos in-
consciente s que el pensar en palabras   y sin duda es más antiguo
tanto ontogénicamente como filogenéticamente.
(pag. 23, El yo y el ello, 1925)
Buscamos eslabones
intermedios para develar lo reprimido.

Entonces, eso ha mutado?

Mutación proviene de la palabra del latín *mutatio* y éste del verbo mutare. Las palabras mudar y mutar también provienen de mutare. Este verbo viene de la una raíz indoeuropea *mei-1 (idea de cambiar y mover), que dio μοιβή (amoibe = cambio) en griego.

Hay mutaciones biológicas y otras psíquicas, las hay silenciosas, las hay nombradas, algunas son simples otras son muy complejas, hay mutaciones con sentido, pero otras son sin sentido.

El sentido estará en la osadía de la repercusión de la sobrevivencia.

Donde se generan las mutaciónes? Quién las provoca'? Quién logra traspasarlas y sobrevivir?

Se genera en aquellas poblaciones que, aun estando vivas, tiene la capacidad para soportar una carga que no la destruya, que aún en la adversidad logre sobre/vivir al desajuste, y pueda adentrarse en el futuro con eso viejo sostenido y con eso nuevo que reta al cambio, a la transformación, a la sabiduría. El ayer con el emblema del mañana. Algo del proceso del tiempo abarca el esfuerzo mismo.

El quehacer del psicoanalista está atado/sujeto a esa pregunta infinita sobre las mutaciones requeridas, implosivas, descargadas, obligada, y lo menciono en plural, porque son muchas y diversas las que se requieren para continuar ejerciendo las funciones psicoanalíticas durante y después del confinamiento, de manera íntegra, respetuosa, responsable y con apego a la ética y a la moral del siglo XXI.

Como muta/trasciende/transforma/sostiene/mantiene el encuadre ante la civilidad de la tecnología, doña tecnología que nos empuja a eso del trabajo on line? Home office? un proceso que se acerca a la robotización de nuestro espacio?

Donde quedó la necesidad del psicoanalista, del psicoanálisis, del diván?

El diván como símbolo? Como estructura? Como forma? Como proceso? Como momificación del paciente extinto?

Se podrá transitar a un nuevo espectro del proceso o/y se requiere que la mente del psicoanalista se atreva, y transite también el psicoanalista con su paciente?

Algo de lo real reprimido siempre enmarca en el aquí y el ahora desde aquel Sigmund Freud que también pasó por tres años de pandemia en Europa entre el 1918 y 1920 cuando perdió a su hija Sofía con la fiebre española.

Ahí estaba y sigue estando el diván como testigo, y sigue estando como objeto, como representación de la palabra, pero sin su uso natural.

Hoy no se puede usar ese el diván, el duelo por ese lugar privilegiado para hablar, para estar, para escuchar, esta sofisticadamente congelado.

El cuerpo del psicoanálisis incluye el cuerpo encarnado, el cuerpo de los afectos y de sus vicisitudes, es el terreno fértil del registro del trauma y de sus marcas (Axelrod, 2017).

Con el diván, el trauma quedaba acomodado, y ahora?

Algo de lo que ya pasó, que nos ha dejado despojados y algo en el orden de la traición psicoanalítica se juega en este cuestionamiento.

¿El duelo del diván nos acerca a lo melancólico de la mutación?

Un cambio de época

Un cambio de paradigma

Un cambio de fase

Ausencia de couch, estar o no estar

La añoranza de lo pasado

Duelos simultaneos de otros tiempos, por los múltiples significados del diván como espacio del otro

El diván un artificio capaz de condicionar la existencia del sujeto del inconsciente. ¿Será digno el diván de tales atributos, o será que la eficacia de la interpretación y el efecto en el lenguaje que llamamos "sujeto" deberán buscar sus razones en otro lado? (Carrera, 2021)

Lingiardi (2011) menciona que hay que repensar cada diván, para que no sea reducido a un ícono, siendo parte del hecho psicoanalítico más allá de ser como un shibolet. Como un hecho identificatorio e indispensable para identificar al psicoanálisis.

¿Qué funciones tiene ese diván?

Protege al terapeuta o protege al paciente? Escenario

del despliegue de la transferencia y de protección de la contratransferencia?

El psicoanalista oye al paciente, pero el efecto visual del lugar del diván separa al analista de las expresiones corporales o no verbales del paciente, y así mismo, esconde a uno del otro. Hay algo que se sustrae de esta diada.

Carrere (2021) define al psicoanalista con una función de lectura, la cual es condición necesaria para que pueda producirse un proceso que configura la condición transindividual de la transferencia. Sin esa lectura no hay inconsciente, ni pulsión, ni repetición, ni caso alguno. Por eso, será esperable que el psicoanalista se comprometa en la búsqueda de precisar las características y los alcances de esa lectura, restando sus esfuerzos de la conservación de aquellos rituales que se corresponden con la idea de la observación neutral y el uso del diván.

Por tanto hay diván, no se miran, solo el analista ve a su paciente parcial. Solo este paciente sabe de su analista y de lo que no ve, uno del otro.

El paciente no mira al analista, lo incorpora, lo introyecta, se identifica, no busca esa retroalimentación visual directa. Es esa palabra o ese silencio al que atañe el no saber que se busca.

En la comunicación parcial en la diada analítica se establecen rastros sustraídos que se mantiene ocultos.

Acerca de este estar presencial pero resguardado en ese mágico sillón, que solo permite la parcialidad visual, se observa que lleva un pre andar por que hemos aprendido, a solo observa parcialmente a aquellos que acuden a consulta.

Visto asi, el trauma está obligado a alejarse del diván para transitar del trabajo más ortodoxo a un estilo novedosos, donde el paciente y su psicoanalista estarán mirándose distinto.

La diada analítica y su castración funcional cambia de escenario solamente?

Algunos procesos psicoanalíticos se llevarán a cabo, con una cámara integrada, o bien solo por audio. A gusto del consumidor. Y a veces por libre demanda.

Quizá ese pueda ser lo positivo en psicoanálisis como lo mencionaba Alizade (2012) para chorrear el efecto transicional entre el pasado y el presente, para interconectarse on line, aunque cierta pérdida de sentidos ataque la ausencia. Del espacio transicional. Winnicott (1951)

Zirlinger (2004) ayuda en la reflexión sobre espacio transicional en virtual, que se abre entre la subjetividad del ser y el reconocimiento.

Puede ser una referencia valiosa para reconocer el micro trauma de ya no ver, ni usar el diván.

La función de sosten se mantiene? El psicoanalista ha logrado transitar a un estilo de trabajo profesional muy valioso que se lleva a cabo on line, es decir por todos los medios de uso de Internet o teléfonos celulares.

Que queda entre el paciente, su analista y su pantalla?

Las nuevas forma sin diván

Las nuevas formas de contacto y conexión en búsqueda del personaje psicoanalítico está a disposición por el deseo de análisis, es un llamado que se actúa y se logra por medios virtuales.

Son los nuevos estilos, o son las nuevas formas o son las nuevas presentaciones desechables sobre las patologías actuales. Así lo menciona Bolognini en 2020, pues menciona que el ideal del Yo narcisista ha sido re-puesto por un Super yo persecutorio alterando el equilibrio y la configuración de la personalidad. Sugiere que la presencia del Internet genera una sensación de omnipotencia trans-individual, que como egosintónica requiere ser nombrada como una parte de la misma personalidad,

Asi que este espacio intrapsíquico requiere de una mirada cercana, y yo lo nombraría, el Yo virtual. Espacio psíquico a desarrollar por los no nativos digitales para seguir el ritmo cambiario de la época. Y huellas de mutaciones que le corresponde a los psicoanalistas develar.

Sin embargo, algunos aún conservamos nuestros consultorios pre-pandemia, pero otros colegas ya se han retirado a ofrecer sus servicios desde casa únicamente.

Ingeniosa mutación, que logra que se mantenga la técnica, la teoría y el encuadre en la búsqueda de la salud emocional para aquellos que soliciten atención terapéutica.

Será hoy que el diván se ha convertido en un accesorio decorativo, para que no olvidemos que es y en uno de los símbolos del proceso psicoanalítico.

Temas de localización geográfica me vienen a la mente, dudas sobre donde se legisla el trabajo que hacemos en la red, de quién es? Donde están los límites geográficos que legislan el quehacer psicoanalítico?

Reflexiones en la clínica

Cuando entre a la formación de psicoanálisis después de terminar el grado de doctorado en psicología, estaba claro que mi lugar de trabajo tendría un diván, mi sillón preferido una mesa y quizá algunos artículos más para hacer mi consultorio como psicoanalista un espacio agradable y listo para la libre asociación y mi posición de voyerista a interpretar en mi furor curandis inicial, que ofrecía sin saberlo, una posición a la sana distancia,

No hay consultorio psicoanalítico sin diván, o si? Esa mutación silenciosa nos mantiene atados a la representación palabra de lo que como imposible nos abarca.

Fatima acude 4 veces por semana a su tratamiento psicoanalítico. El primer dia de confinamiento habló para cancelar su cita, me hizo saber que no estaba dispuesta a salir de su casa, pero le gustaría seguir haciendo las sesiones y trabajando por teléfono. Presenta una personalidad dependiente y fragil, y estaba muy asustada. Hicimos el tranfer a audio y funcionaba muy bien. Contaba sus sueños con fluidez, pero ahora faltaba frecuentemente. Seis meses después solicito una sesión presencial, para lo cual yo tuve suficiente tiempo para prepararme. No sabía si era una progresión o una regresión. Conseguí una sábana esterilizada para cubrir mi diván, para que ella lo usara sintiendo seguridad al utilizarlo. Puse gel antibcterial, deje la ventana abierta y yo no me quité el cubre boca durante la sesión. Uff..que pasó ahí? De haber desarrollado una relación analtítica calida, frecuente, estable ambas tuvimos una fuerte transformacion, mutación? Evidentemente habría que hablar de lo que nos sucedió, fue casi imposible, ya que eso del inconsciente siempre viene después.

Yo tenía miedo de ella, ella tenía miedo de mí, y si nos contagiamos? Dejamos toda la pulsión de muerte al servicio de del diván?

Al término de esta situación traumática, ya hemos solo trabajado telefónicamente.

Fátima ya no usó más esa sábana esterilizada que tengo guardada en una bolsa apartada para ella.

¿De quien es mi diván?

El diván es de todos? Pero cada vez que algún paciente lo desea utilizar, yo lo cubro y lo cuido para que sobreviva, aunque no sé para qué.

Luis también era un paciente con apego a sus 4 sesiones semanales, que modifico su sesión a virtual.

Es puntual abre su linea al tiempo de inicio y vamos construyendo su tratamiento. Le gusta hacer su pago presencial, por lo cual logro verlo un par de minutos. Viene al consultorio, pero desea saludarme, evidentemente desde 2 metros de distancia y se asoma a saludar al diván, le habla al diván para que lo espere. Antes de despedirse de mí, expresa mirándolo....

"ya falta menos para que volvamos a encontrarnos...."

A quién le habla? Yo escucho, el diván escucha, ustedes leen estas lineas.... Donde está la mutación al servicio del psicoanalista 'y del psicoanálisis?

Es nuestro reto lograr las modificaciones a la técnica para seguir de la mano del quehacer que nos apasiona.

Bibliografia

Alizade, M .;(2012) *Lo positivo en psicoanalisis*, Edit Lumen.

Axelrod, R. (2017) *Psicodinamia de la traición, en El cuerpo del psicoanálisis y el psicoanálisis del cuerpo*, APM, México.

Bolognini, S (2020); New formas of psychopatology in a changing world;a challenge for psychoanalysis in the twenty-first century, *Revista Italiana de psicoanalisis*.

Carrere, P. (2021) Para que sirve el diván, *Revista virtual De inconscientes*.

Freud, D. (1925) El yo y el ello, Tomo XIX, *Obras Completas*, Amorrortu Editores

Liangiardi, V. (2011) Questioning the couch: historical and clinical perspectives, Psychoanalytic psychology, *APA, vol. 28 num. 3*, pag. 389-404.

Winnicot, D. (1951) Objetos trancisionales y fenómenos transicionales, *Realidad y juego*, Buenos Aires,Galeana, pag22.

Zirlinger,(2004)https://www.elpsicoanalisis.org.ar/old/numero2/transicionalidad2.h

Dra. Ruth Axelrod Praes

Originaria de la Ciudad de México, estudió la Licenciatura, Maestría y Doctorado en la Facultad de Psicología de la UNAM.
Psicoanalista en funciones didácticas de la Asociación Psicoanalítica Mexicana, afiliada a la Federación Psicoanalítica de Latinoamérica, FEPAL y a la International Psychoanalytic Association, IPA.
Ex Presidente de la Asociación Psicoanalítica Mexicana durante el bienio 2014 -2016.
Ex Directora del Instituto de Psicoanálisis de la Asociación Psicoanalítica Mexicana 2016-2018.
EX-Directora del Centro de Estudios de Posgrado de la Asociación Psicoanalítica Mexicana 2018-2020.
Representante Latinoamericana frente al Board de la IPA por segunda ocasión, en el bienio 2015-2017.
Co-chair del Comité de Mujeres y Psicoanálisis, COWAP, de la zona norte de Latinoamérica.
Directora del programa de radio Dialogando con mis Psicoanalistas, El Heraldo de México 2019-2020.
Docente y supervisora del instituto de psicoanalísis Ramón Parres, APM y de la Maestría de Psicoterapia General asi como de la Maestría de Niños y Adolescentes, Directora de tesis del doctorado de la APM.
Fundadora del grupo SOEM, "Solidadridad Emocional, Psicoerapia para todos durante tiempos de pandemia" 2020-2021.
Co /editora de la revista Calibán, 2021.
Autora de múltiples artículos en libros y revistas nacionales e internacionales.
E-mail: drruthax@hotmail.com

No hay tiempos mejores o peores, son los tiempos que nos tocan vivir

Gabriela Renault

A lo largo de la historia diferentes situaciones de la vida marcaron las modalidades de cómo relacionarnos o de cómo contactarnos. Seguramente durante la pre-historia, la conectividad habrá pasado por algo del encuentro casual o de supervivencia en cavernas, hoy hablamos de conectividad, pero curiosamente en esta pandemia aprendimos nuevamente a vivir en cavernas.

Queda claro, que estamos ante un impacto internacional, que para muchos es vivida como una sensación de fin del mundo. Nos replanteamos el sentido de la vida, el coronavirus, nos re-edito la noción de finitud, es además de una catástrofe es también un dilema existencial, lo que trae el virus. El nos necesita a nosotros de huesped, nosotros no lo necesitamos a el, pero para eso tenemos mucho que trabajar, somos huéspedes de un virus invisible.

El hecho disruptivo, como lo es el coronavirus, impone cambios importantes en nuestra vida cotidiana, de la misma manera que lo hace en toda nuestra forma de relacionarnos y de la formación a la cual estamos abocados.

El cofundador de Microsoft , apuntó que ningún país podría haberse enfrentado solo al Covid-19 y esto debería de ser una lección a tener en cuenta para otros problemas globales.

Es un tiempo de mucha fragilidad, de mucha vulnerabilidad, sentimos reducido el espacio, cuando debemos ampliarlo, por el distanciamiento. Sentimos que también reducimos el tiempo de la presencialidad sincrónica, por la amenaza del contagio, pero también por el cansancio en la exposición en la virtualidad.

La fragilidad de saltar las estructuras edilicias de gobierno, Asociaciones, Escuela, Universidad, Iglesia, templos, Empresas. Ese pasaje abrupto e inesperado que experimentamos de pasar a lo que podríamos llamar el "gobierno" de desarrollar nuestras vidas en nuestras casas , entrando y saliendo, de una fusión entre el cuarto, la clase, el trabajo, el esparcimiento, etc.

En la fragilidad, surge la necesidad de reparar, aclaro reparar, como constraste de fabricar, que es lo que veníamos haciendo, porque lo que necesitamos no es renovar, es crear. Nos podemos preguntar qué diferencia hay entre fabricar y crear, y una respuesta posible sería que en el concepto fabricar, ya esta todo, pre-establecido lo que debo hacer. En cambio cuando hablamos de crear, nos encontramos con la innovación, y también la incertidumbre, la expectativa porque en el crear el resultado final no se sabe.

Lo bueno, es que sin fragilidad no hay creación posible

Nos volvemos a encontrar y pero sabemos que de alguna manera, ya no somos iguales que antes. Como individuos, hemos transitado este tiempo de aislamiento de manera diferente con situaciones y circunstancias muy distintas.

Más aún, reconocer esta diversidad de vivencias (hay pérdidas, duelos, encierros, distanciamientos, miedos) y experiencias es crucial a la hora de comenzar a preparar a nuestros equipos de trabajo. Saber que ellos también han cambiado y así poder diseñar estrategias que favorezcan la comunicación y la elaboración de las emociones que provoca el regresar o no a las distintas actividades diarias.

Porque, desde mi perspectiva, aceptar únicamente que estamos ante un cambio de paradigma, sería subestimar el alcance de lo que estamos viviendo.

No se trata solamente de una época de grandes cambios, sino de que estamos ante un cambio de época.

Ante ese dilema hemos de tomar posiciones precisas para hacerle frente a los impactos que esta Pandemia del Covid-19 nos impone. Formas diferentes de relacionarnos, de amar, de cuidar, de duelar a nuestros seres queridos y la lista sería casi interminable.

Pero hay algo que nos queda claro, y es lo siguiente: hay dos componentes a los cuales no estamos dispuestos a renunciar y que son los siguientes:

- Uno es la profundidad y la excelencia académica que nos caracteriza, a los que estamos en educación, o los que trabajamos en Instituciones de salud en la atención al otro.

-Dos es que no renunciaremos a el contacto personalizado, es más siempre se preservará la subjetividad y el contacto directo en la medida y de la manera que sea posible.

Tenemos que tener en cuenta que la realidad no es lo que uno espera, sino lo que se impone.

Debemos personalizar e intensificar los vínculos, porque sabemos que cuanto más fuerte es el lazo, menos amenazas de desconexión tendremos. Urge por lo tanto, libidinizar los vínculos, creativamente para que logren el efecto de presenciales aun en lo remoto.

Como dice Catz, H. (2020)"En todas esas áreas tal vez no tengamos la presencia física de la misma manera que acostumbrábamos, pero hay algo que sí construye presencia, una invariancia en la que nos apoyamos como psicoanalistas y como docentes, que es la palabra y que también transforma. No esta el abrazo pero la palabra también es como un cuerpo que abraza, que genera una trama que envuelve y sostiene"…"las palabras construyen paredes virtuales, elásticas y provisorias"…(p.52-49)

A partir de tantos desafíos que la pandemia nos trajo, podremos diseñar qué aulas queremos, qué consultorio tenemos, a cuáles instituciones nos dirigimos. Queda claro entonces, que ya no seremos los mismos, como decía Neruda(1924) *"Nosotros los de entonces ya no somos los mismos"*. Lo que pasará en nuestro futuro, estará inevitablemente determinado por la naturaleza de nuestras vulnerabilidades, de nuestras experiencias y también de nuestra mutua cooperación.

No podemos ignorar un complemento básico del futuro, que considero que es su completa inexistencia
El distanciamiento social, busca constituirse como un nuevo principio de organización de la sociedad y nos tenemos que preguntar cómo responderemos a ello

Quizás nada mejor para reflexionar acerca de si es el peor de los tiempos o es tal vez mejor que otros tiempos, es que debemos responder con la mayor autenticidad posible que:

Es el tiempo que nos toca vivir.

El año pasado nos fuimos adaptando a esta nueva modalidad de educar y de atender y relacionarnos en escenarios virtuales, o sea:

mutamos nuestros hábitos los unos y los otros.
¿Cómo haremos para superar el abismo que separa el hoy del mañana?
...en el siglo 19 un alumno le pregunto esto a Nietzsche (1879) la respuesta fue
habitándolo. ... el tiempo es lo que se repite... el presente no cesa de volver.

Bibliografía

Benyakar, Moty: *Lo disruptivo, Amenazas Individuales y colectivas, el psiquismo ante las guerras, terrorismos y catástrofes sociales* Editorial Biblos, 2006.

Catz, H. y colaboradores "Crear presencia" en "*Trabajando en Cuarentena en épocas de Pandemia y de Post-Pandemia. Transformaciones e Invariancias*", Ricardo Vergara Ediciones, Bs Aires.

Neruda, P. (1924) poema 20 en "*20 poemas de amor y una canción desesperada*" Editorial Pehuen, Santiago, Chile.

Ricardo Espinoza Lolas, Esteban Vargas, Paula Ascorra Costa, (2006) *Nietzsche, y la concepción de la naturaleza como cuerpo,* Nietzsche and the concept of nature as a Body, Chile, Universidad Católica Pontificia de Valparaiso.

Dra. Gabriela Renault

Lic en Psicología, Lic en Psicopedagogía USAL,
Doctora en Psicología University of Weston,
Doctora en Educación USAL,
Ex investigadora CONICET, analista, docente universitaria, investigadora,
Decana de la Facultad de Psicología y Psicopedagogía de la Universidad del Salvador
E-mail: grenault@usal.edu.ar

Intuición, Encuadre
y Creatividad en Tránsito

Jani Santamaría Linares

> *"El psicoanálisis puede aplicarse
> en todos los lugares donde
> se manifiesta el inconsciente"*
> Anzieu (1975)

Los frecuentes desafíos que enfrenamos hoy en nuestra práctica clínica han puesto a prueba algunas de las formulaciones teórico-técnicas lo que nos invita a volver a pensar modelos y pre-concepciones (Bion, 1957). En el presente trabajo me propongo establecer un diálogo entre los siguientes conceptos: intuición, encuadre y creatividad. Me gustaría considerar la manera en la que estos tres conceptos están entrelazados Propongo mirar los movimientos y/o rupturas en el encuadre (interno y externo) a través de la intuición, con el fin de capturar la creatividad y la verdad última que siempre está en tránsito. Me interesa imaginar el movimiento de la sesión como efecto de este encuentro. Para el efecto, elegí como compañeros de ruta a W. Bion (1970), a D.Winnicott (1970) y a A. Green (2002) porque me parecen colegas adecuados para transitar en los círculos de la experiencia. Toda su obra está llena de gérmenes transformacionales. Por cuestiones de espacio no podré detenerme en el análisis de todas sus aportaciones y solo voy a destacar el concepto de intuición (en Bion), de creatividad (en Winnicott) y de encuadre interno

(Green) porque considero que estos conceptos brindan destellos de luz para iluminar la obscuridad de las coordenadas colectivas que estamos atravesando .

Entre las referencias al concepto de "encuadre", se asocian los nombres de Bleger (1969), Winnicott y Green, entre otros. Realizaré un breve repaso sobre el concepto de encuadre para después ensamblar mi propuesta con los conceptos de intuición y encuadre en el terreno clínico.

Una tesis básica del artículo de Bleger (1969) sobre Encuadre y Psicoanálisis es que en la parte inmóvil y muda del encuadre se depositan predominantemente ansiedades psicóticas. El autor mostró que la parte simbiótica, la parte más arcaica de la personalidad (Yo-cuerpo -mundo) se deposita en el marco terapéutico e incluye en éste el conjunto de factores espacio temporales el establecimiento y mantenimiento de horarios, honorarios, vacaciones, etc.

André Green (2002) por otro lado, definió al encuadre interno del analista como el encuadre que el analista, producto del análisis personal interioriza y que le permite utilizar el dispositivo analítico. Utilizó una metáfora para referirse a los elementos del encuadre. Por un lado, afirmó que los aspectos fundamentales e inamovibles tanto del psicoanálisis pueden ser nombrados como una "alhaja" ; dichos elementos son la asociación libre, la neutralidad, la atención libre y flotante y la abstinencia del terapeuta. Por otro lado, el encuadre sería el "estuche" que guarda la alhaja y abarca las cuestiones de los horarios, frecuencia de las sesiones, honorarios y vacaciones. Para Green, el psicoanálisis clásico y la psicoterapia psicoanalítica comparten varios de los rasgos de la ´alhaja´ y se distinguen, más bien, por el "estuche" que la contiene.

Como he mencionado en otros trabajos (2020a, 202b,) ninguna experiencia ha sido capaz de desafiar los limites de nuestra capacidad psíquica para digerir´, emocionalmente hablando, la pandemia que estamos viviendo/

sufriendo; este trauma, que podemos llamar "colectivo", para diferenciarlo del trauma social ha tenido características específicas y los efectos catastróficos han hecho que todo el funcionamiento mental se altere. Nadie ha permanecido intacto. Las condiciones óptimas de trabajo que Freud (1912) sugirió, comparando las medidas adoptadas por un cirujano como : buena iluminación, exclusión de familiares y habitación adecuada, sumado a la intimidad y privacidad, han sido imposibles de realizar.

Etchegoyen (1986) mencionó que el encuadre recibe influencias del medio social en el que el análisis se desarrolla y que esto es inevitable, señaló *"el encuadre debe legítimamente modificarse a partir de los elementos de la realidad a la que en última instancia pertenece".* (p-488)

Con el nombre de *mundos sobrepuestos*, Janine Puget y Leonardo Wender (1982) estudiaron un fenómeno ciertamente común que pasa casi siempre inadvertido y se refiere a cuando analista y analizado comparten una información que es en principio extrínseca a la situación analítica y sin embargo se incorpora al proceso por derecho propio (la pandemia). El analista, nos dicen, se ve así de pronto en una situación donde está de hecho compartiendo algo con su analizado, lo que le hace perder la protección que le brinda el encuadre y lo expone a fuertes impactos contratransferenciales. Esta observación hoy en día, conserva todo su valor porque actualmente, la muerte y su amenaza son omnipresentes y en ocasiones se filtra una sensación de irrealidad a medida que el espacio y el tiempo en la vida cotidiana se dilatan y se comprimen entre sí, se altera nuestra percepción y el mundo interno al que pertenecemos y además ; todas estas dimensiones del tiempo operan en la temporalidad subjetiva en el *après-coup* de un análisis que eventualmente dará sentido a todo lo vivido.

Además de los cambios externos que la pandemia nos

ha obligado a tener (sesiones online en la sala de análisis), en la práctica contemporánea, existen otros cambios importantes que justifican la importancia del concepto de intuición y de creatividad. Una de las consecuencias de la clínica contemporánea con pacientes que presentan estructuras predominantemente no neuróticas es la necesidad de re -visitar el concepto de encuadre.

Un movimiento significativo en la obra de Freud (1923) fue el descubrimiento de que cada psique contiene áreas y fuerzas estructuradas (representadas) y no estructuradas (no representadas) Santamaría J (2016). Al trasladar el foco más allá de la neurosis y al incluir la comprensión de un inconsciente no estructurado, se iluminó , de acuerdo a Bergstein (2018)

"un área de la mente que no está incrustada por completo en el lenguaje y por tanto, no puede abordarse con las herramientas habituales. Es una parte de la personalidad donde la experiencia permanece a nivel de sensaciones".

Dado que ahora se puede suponer que cada personalidad está compuesta por partes,, podemos observar que ambos discursos que componen el diálogo psicoanalítico, se presentan en dos niveles, en palabras de Grotstein (2007), "suceden al mismo tiempo pero en diferente nivel".

Bion (1962,1970) sostuvo que la parte neurótica/ normal de la personalidad contiene una barrera de contacto formada por elementos alfa que dividen de manera permeable la conciencia de lo inconsciente y la vida de vigilia del sueño. La barrera de contacto es la que hace posible la comunicación a través del significado fijo y estable de las palabras. La parte psicótica de la personalidad, está estructurada por una pantalla beta formada por elementos beta que permite la comunicación solamente a través de evocar sentimientos (generalmente desagradables) en el otro.

Nuestro problema, se preguntó Bion es ¿ cómo ver estos niveles que no son visibles ? Las expresiones verbales con las que trata un analista, mencionó, no se pueden ver ni tocar debido a que la ansiedad no tiene forma ni color, olor ni sonido y debido a que el lenguaje tiene múltiples funciones, puede utilizarse al servicio de la comunicación, de la acción y/o de la evacuación (Bion ,1957).

El autor propuso en 1970 la intuición, como método de observación y como paralelo en el campo al uso de "ver", "tocar" y "oler". Mencionó que es el uso de la intuición lo que permite discriminar si el lenguaje está siendo utilizado para facilitar y/o obstruir la comunicación y hace posible que uno pueda moverse entre dos mentes en momentos -como ahora- en el que el encuadre físico ha tenido que ser modificado. Agregó la propuesta de "sin memoria y sin deseo" acompañada de capacidad negativa (Keats), como el instrumento mediante el cual podemos captar y recibir todas las evocaciones inconscientes que los pacientes nos inducen para ser transformadas y utilizados como bloques de crecimiento mental. Para que se genere movimiento, agregó :

" *la presencia y la ayuda del analista son fundamentales*" (1970,p. 14). Como lo mencionó Green (2002), "*el paciente demanda las funciones mentales del analista ya que las estructuras de significado del paciente han quedado fuera de servicio* "(p.21).

Regreso aquí al tema del Encuadre y propongo considerar el estudio del encuadre no solamente desde el ángulo de la psicopatología (el depositario de lo psicótico - tal vez, lo no representado) sino como el espacio por la cual se expresa también la creatividad.

La palabra "creatividad " Winnicott (1970) la definió como una percepción creativa que hace que el individuo sienta que vale la pena vivir la vida, que es real y significativo y que se siente enriquecido a través de la experiencia de vivir.

Detengamonos ahora, por un momento en la noción misma de ruptura del encuadre. El encuadre interno del analista es el que permitirá que se conserve el rol del analista en el proceso porque cuanto menos funciona el encuadre clásico, nos recordó Green, más *"nos vemos llevados a pensar que la unidad del campo psicoanalítico no puede situarse sino en el propio analista, en su pensamiento clínico"* (p.38) al decir de Winnicott (1964) *"me propongo al analizar, estar vivo.."*

Así, sostener la experiencia emocional a través de la intuición nos autoriza a desplegar nuestro dispositivo analítico en cualquier momento. . Es desde este vértice que cobra sentido la frase *"sin memoria y sin deseo"* porque esta actitud nos permite trabajar con lo que tenemos (el aquí y el ahora) y no con lo que quisiéramos tener, ya hemos pasado por complejas discusiones cuando se pensaba que la realidad psíquica no tomaba en cuenta la realidad externa y en ocasiones corremos el riesgo de tomar como factores, lo que forma parte del objeto analítico (la función analítica). La ausencia del cuerpo físico, el uso de una pantalla y otras variables, son factores que acompañan a la modalidad de trabajo y sin duda tienen un impacto en la diada, pero solo son elementos que dependen de una función (de un encuadre interno) y la potencialidad creativa consiste en no detenerse ni fijarse a los extremos sino en sostener una función analítica que además, siempre está en tránsito. Recordemos que Winnicott definió (1964) el encuadre (setting) como *"la suma de todos los detalles de la técnica"* y subrayó la importancia de ´sobrevivir ´a las variaciones técnicas que se requieran.

En palabras de Bergstein (2018) :

"Apreciar la fugacidad y el movimiento del significado requiere la liberación de nuestro control sobre una realidad bidimensional por lo que debemos estar preparados para estar lo más cerca posible de nuestros pa-

cientes con el fin de ser uno, con la realidad última del ser humano ".

Demos un breve salto a la clínica para tratar de ilustrar la relación entre intuición, creatividad y encuadre a través de presentar tres momentos analíticos (Santamaría J. 2020).

- Primer momento Analítico : Sofía -

- Sofía, una pequeña de casi ocho años, inició un proceso hace poco más de dos años . Hace algunos meses, antes de prender mi cámara ella escuchó que tosía (había tomado agua de manera rápida) e inmediatamente me dijo angustiada : Jani, Jani, estás bien?

Prendí mi cámara y le respondí que sí, ella comentó:

Me asusté (empezó a sollozar) pensé que podías estar enferma

J- pensaste que podría tener Covid ?

S- Sí. .. el Covid mató a la mejor amiga de mi mamá, tengo miedo (silencio) aunque sé que no te vas a morir pero sí me asusté, se pueden morir todos, menos tú

J- Cómo es eso ?

S - es que tú eres responsable, cuando iba a tu consultorio, siempre antes de salir, me decías, "ponte el sweater ", por eso no te vas a enfermar (reímos). El llanto se detuvo y dió lugar a recuerdos sobre todo lo que sucedía antes y durante la llegada a mi consultorio. Después inició un juego donde realizaba varias actividades en una ciudad para niños, le comenté que era parecido a un centro recreativo donde los niños obtienen dinero y premios a través de trabajar y de cuidar al ambiente y me respondió : "sí, es igual, solo que este juego lo hicieron para que mientras no podemos salir, lo juguemos en la computadora".

J- y crees que cuando termine la pandemia van a quitarlo ?

X- No sé, a la mejor lo dejan en las dos, en la computadora y "el real", yo prefiero ir a tu consultorio pero por ahora, está bien si jugamos así.

- Segundo Momento Analítico : Renata
- Renata es una joven de 21 años, me comentó en una sesión que si las circunstancias de la pandemia no mejoraban para el siguiente ciclo escolar (agosto), iba a suspender un año la carrera porque las prácticas en el campus universitario, eran fundamentales para el tipo de carrera que estudia. Me sorprendió su comentario, sobretodo porque es una joven a la que le ha costado mucho trabajo crecer, ha desplazado este temor en el área académica y por diferentes motivos bien "racionalizados", tiene dos años de retraso en los semestres por lo que de suspender otro año, estaría terminando la carrera a los 24 años. Insistió en que ya había "perdido un año" por estudiar "en línea" y le pregunté si sentía lo mismo conmigo, es decir, si sentía que el año que llevamos trabajando vía zoom, lo sentía como una perdida de tiempo, entonces respondió :

" no, en la terapia no lo siento, ha cambiado que no te veo pero como estaba en diván, no te veía más que al principio y al final, extraño que siempre que iba camino a tu consultorio, era un momento en el que pensaba en mi y aquí a veces no lo puedo hacer, porque me cambio de cuarto rápido para tener privacidad y no me acabo de acostumbrar ". Espontáneamente surgió el tema sobre las diferencias "en presencia " y via zoom y agregó que el tema de los silencios sí le angustiaba, que cuando había un silencio, a veces no sabía si se había cortado el internet ó simplemente yo ya no estaba, que le costaba trabajo pensar que estaba ahí, en silencio, esperando que ella hablara. Agregó que un beneficio de trabajar online era que yo había conocido su cuarto y su gatito.

Este diálogo transferencial nos permitió indagar los miedos que siente respecto a crecer. Cuando ella nació, la madre tuvo depresión postparto y esta experiencia la ha colocado en un rol de hija "perfecto ", que "no hace ruido " para no molestar a nadie. Desde este vértice, la relación de dependencia materna encuentra un momento perfecto para postergar la autonomía que se espera lograr una vez concluida una carrera universitaria. Los silencios representaban, en algún lugar de su mente, esa ausencia (materna) que Renata no ha podido transformar en lenguaje porque le evocaban aspectos traumáticos de ausencia (silencio). Por otro lado, entendí que me decía que necesitaba ese espacio "intermedio " que había construido "en camino al consultorio ", porque re-significaba " un pedazo de autonomía que había construido y que había perdido pero también me mostró que existen otros modos de comunicación más allá del lenguaje como la experiencia de conocer su hábitat y su gatito.

- Tercer Momento Analítico : Constanza -

Recibí hace algunos meses un mensaje de una mujer llamada Constanza, me solicitaba (exigía) un análisis presencial explicando que estaba vacunada Agregó además una serie de condiciones de la realidad que requería para llevar un proceso analítico, me dio la impresión de que las principales dificultades de esta señora eran mayores porque esa realidad que le agobiaba, era su propio estado mental. Le expliqué que por ahora no atendía de manera presencial y le ofrecí buscar referencias que atendieran de manera presencial, se molestó y no supe más de ella. Pasaron algunas semanas y me volvió a escribir, mencionó que no se había sentido cómoda con "el analista presencial " que conoció, agregó que quería probar "online ", porque estaba muy deprimida y los medicamentos no le estaban ayudando.

Acordamos una cita online, me conmovió una historia llena de pérdidas, de enfermedades físicas y de un dolor psíquico crónico. Es posible que esa triste historia de vida haya evocado en mí una disociación que exteriorcé al privilegiar el mundo "externo " y como respuesta, apoyada únicamente en el mundo externo le pregunté por la zona geográfica donde se encontraba con la excusa de que una vez que regresáramos al trabajo de manera presencial, podía ser difícil asistir. Su respuesta me sorprendió porque respondió " vivo en una zona geográfica diferente pero si usted me dice que tengo que ir a Cocoyoc (una ciudad a 2 horas de donde vive) yo voy para allá ". Qué cierto es cuando Bion (1970) escribió: *"la razón es la esclava de la emoción"* porque apoyada sólo en la "razón externa" (zoom, distancia geográfica) repetí de manera parcial la historia traumática de rechazos que Constanza ha recibido a lo largo de su vida.

Estos ejemplos nos muestran que el analista debe centrar su atención en lo desconocido (Santamaría J. 2020c) y sin importar tanto el tipo de dispositivo electrónico que utilicemos, el compromiso con nuestros pacientes debe convertirse en un emblema de solidaridad y debe configurarse como una prueba inobjetable de la inmortalidad del afecto y de la ética profesional. Sofía, Renata y Constanza mostraron una devoción a su análisis sin negar la frustración de la realidad que conlleva la modificación actual del encuadre ; en palabras de Sofía : "mientras " regresamos a la modalidad anterior. Constanza demostró que el deseo de transformar el dolor psíquico trasciende fronteras y Renata identificó los espacios potenciales que ha creado entre las sesiones presenciales y extendió la manera de comunicarse a través de experiencias concretas, la actitud hacia la realidad exterior (la pandemia) en las tres, se expresó como un fenómeno creativo que se opone a la relación de sometimiento.

En la siguiente frase (1979) Bion también preservo lo más valioso de la tarea a realizar

" hay que tratar de hacer, con lo poco que tenemos, lo mejor posible." (p.245)

Aquí radica, a mi entender, el poder transformacional único y específico del psicoanálisis porque en la medida que utilicemos una teoría de la observación (Bion 1965) que nos brinde acceso a las áreas más creativas de ser humano, entendiendo como creatividad el simple hecho de estar vivo, podremos incorporar modelos que transiten hacia vértices nuevos y expansivos en una dialéctica que tolere el flujo entre diferentes estados mentales. Como analistas, pienso que vamos a necesitar una teoría que oscile de una actitud causal/explicativa a una actitud (intuición) que busque comprender y aceptar la incertidumbre inherente a la infinita complejidad del desarrollo humano.

Quisiera terminar con una frase de Emily Dickinson que me parece ilustra la propuesta sobre la manera como entiendo el entrelazamiento entre intuición, encuadre y creatividad:

> *Nunca sabemos lo alto que estamos*
> *hasta que se nos pide que nos levantemos*
> Emily Dickinson (1969)

Referencias Bibliográficas

A. Bergstein (2018) *"Bion and Meltzer's Expeditions into Unmapped Mental Life: Beyond the Spectrum in Psychoanalysis."* Rouledge UK

Bion W.R. (1957) Una teoría del pensamiento. En *Volviendo a pensar.* Ed Paidós. Buenos Aires.

Bion W.R. (1970) *Atención e Interpretación.* Ed Paidós

Bleger J. (1967) Psicoanálisis del encuadre analítico. En *Revista Argentina de Psicoanálisis,* APA 241-258.

Dickinson, E.(1969). Johnson, Thomas Herbert, ed. The Complete Poems of Emily Dickinson (en inglés). Boston: Little, Brown & Co

Etchegoyen, H. (1986). *El encuadre analítico. Los fundamentos de la técnica psicoanalítica.* Buenos Aires: Amorrortu.

Freud S (1912) - Consejos al médico en el tratamiento psicoanalítico. Vol XIV. Ed Amorrortu *Obras Completas.* Buenos Aires

Freud S. (1923)- El Yo y el Ello. Vol.XIII. Ed Amorrortu *Obras Completas.* Buenos Aires

Green A. (2012) El encuadre psicoanalítico : su interiorización en el analista y su aplicación en la práctica. En *Revista de Psicoanálisis* LXIX.No. 1. 2012.

Grotstein J.(2007) *A Beam of Intense Darkness.* Karnac. London

Puget J., Wender L.(1982) "Analista y paciente en Mundos Superpuestos". *Psicoanálisis* Vol IV, N° 3, pp. 503-532. 1982.

Santamaría J. (2020a) - Momentos Analíticos y Cesuras en la Experiencia del Covid 19. En: Hilda Catz *Las redes humanas, lo humano de las redes.* Tomo III. R. Vergara Ediciones, BS. As.

Santamaría J (2020b)- La Experiencia del Covid 19 y la relación con el continente -contenido. Trabajo aceptado para ser publicado en la *Revista de la Asociación Psicoanalítica Argentina* - APA. Noviembre 2020.

Santamaría J.(2020c) Reflexiones sobre el "último" Bion en la clínica psicoanalítica. *Revista Calibán* 2020.

Winnicott D.(1964) Importancia del encuadre en el modo de tratar la regresión en psicoanálisis. En *Exploraciones Psicoanalíticas. Tomo I.* Ed Paidós Psicología Profunda. Buenos Aires.

Winnicott D. *Realidad y Juego.* Ed. Gedisa

Dra. Jani Santamaría Linares

Psicoanalista Didacta de Niños y Adolescentes
Asociación Psicoanalítica Mexicana (APM),
Representante Latinoamericana de la Asociación Psicoanalítica
Internacional (IPA) 2019-2021,
Chair Bion International Conference, México 2022.
Representante LA Electa para el Board de la Asociación Psicoanalí-
tica Internacional (IPA) 2021-2023
Directora de la Fundación A.Santamaría.Psicoanálisis:México
Representante Latinoamericana del Comité de Nominaciones IPA
E-mail: jani10pp20@gmail.com

Mutaciones en tránsito

Mónica Santolalla

Travesías entre acontecimientos

Podría comenzar diciendo que estamos en un momento único de la historia, y seguramente sería una afirmación muy acorde al tono afectivo de la época en la cual nos encontramos.

A contrapelo del imaginario sentido común, podemos encontrar en la filosofía y en la historia voces que quizás puedan abrirnos nuevos espacios de reflexividad donde nuestros a priori se pongan bajo sospecha, se alteren, para que incluso empiecen a moverse, como se mueve la historia.

Hegel decía que todos los grandes hechos (y personajes) de la historia universal, aparecen dos veces, Marx lo complementó añadiendo que, una vez como tragedia y otra como farsa, a lo que Zizek (2012) agrega que la farsa puede ser mucho más terrible que la tragedia.

La concurrencia en simultáneo de crisis de extraordinarias dimensiones y gravedad, (sanitaria, económica, medioambiental, de paradigmas, de valores) por momentos gravitan en contra de los esfuerzos de descentramiento que nos impone el pensar y nos impulsan, casi podríamos decir que nos empujan, a ubicarnos más cerca de la idea del apocalipsis como lo planteara Noam Chomsky en la conferencia mundial de la Internacional Progresista del mes de septiembre de 2020 cuando sentenció que nunca hemos estado tan cerca del apocalipsis, seguida de su consejo: ¡Entren en pánico!

Sin embargo, Walter Benjamín, citado por Zizek (2012) fue muy clarividente en su observación de que todo depende de cómo cree uno su propia creencia.

La palabra mutación, hoy usada quizás de manera excesiva, no cotizaba en el mercado editorial de comienzos de este siglo. Cuenta Alessandro Baricco (2008) que cuando escribió ese fabuloso ensayo sobre la mutación en el año 2006 no consiguió editor que quisiera publicárselo con el título Mutación, a secas, por lo tanto el libro vio la luz con el nombre de Los Bárbaros, y como subtítulo Ensayo sobre la mutación. Esta anécdota apenas si nos acerca a la idea de lo lejos que estábamos en poder reconocer las mutaciones que ya estaban en curso.

El trabajo de la esperanza mientras mutamos

Aunque el siglo XX fue una época de angustia y crueldad, también se estableció como la era de la liberación de muchos prejuicios, a la que el psicoanálisis contribuyó de manera decisiva abriendo en el campo de la cultura nuevos caminos para las artes, la vida cotidiana, la acción política, la imaginación y los compromisos afectivos, tal como lo había soñado Freud en sus momentos de mayor optimismo.

Ante la pena de muerte, las torturas, las interdicciones y la locura asesina de estados, iglesias, facciones políticas e individuos, el acto psicoanalítico vinculó el sufrimiento psíquico al lenguaje, dotando a los sujetos de mayor libertad y resolución para encarar los tratos injustos.

Jacques Derrida decía en sus diálogos con Elizabeth Roudinesco (2009) que él se ubicaba entre los amigos del Psicoanálisis y juntos participaron de una propuesta internacional con el objetivo de que el psicoanálisis siga inventándose en este nuevo siglo.

Lo que se dio en llamar Los estados generales del Psicoanálisis tuvieron lugar en el anfiteatro de la Sorbona en París, entre el 8 y el 11 de julio de 2000. Acontecimiento de una singularidad y amplitud excepcional, se convocó a más de mil doscientos psicoanalistas llegados de treinta y cuatro países. En el magnífico anfiteatro de la Sorbona y durante cuatro intensos días se reunieron los "Estados Generales del Psicoanálisis". Una clara convocatoria para discutir el provenir del psicoanálisis.

Los analistas invitados, fueron citados más allá de sus pertenencias institucionales o de sus abstinencias a pertenecer a institución alguna.

La ilusión de que mil analistas de mas treinta países, en distintas lenguas y con una importante diversidad en su formación pudieran producir algo, fue solo eso: una ilusión. Es que por mas analistas que sean o que seamos, pasado cierto número, cualquiera sea éste, nos convertimos en masa. Y entonces era fácil registrar que las intervenciones retóricas y/o políticas eran premiadas con calurosos aplausos.

Sin embargo, los que hablaban en tanto psicoanalistas, entiéndase aquellos que en su discurso incluían la dimensión de lo inconsciente y del deseo, recibían fríos y breves aplausos protocolares. En París la tradición obliga a aplaudir cualquier intervención.

Aún así, el psicoanálisis y su clínica nos ha mostrado la potencia de en un espacio transferencial en donde se capta el deseo y el insólito esfuerzo de ligar el psicoanálisis a "la subjetividad de nuestra época".

La ocasión de convocar a analistas de todos los credos a asumir el "Malestar" no dejará de rendir sus frutos pues con sus límites fue una convocatoria al deseo.

Los acontecimientos, ese lugar donde lo nuevo, lo desconocido emerge, se entreteje con la irrupción. Y lo que la pandemia trajo a la luz claramente es la irrupción de la mutación en la que ya estábamos de manera silenciosa.

La novedad, lo novedoso, paradojalmente es fiel a la memoria del pasado, a la herencia recibida, algo continúa, pero también es ruptura, y nos obliga a transformarnos. No es una elección.

Seguir la huella de lo que anuncia la irrupción de algo nuevo es una de las opciones que Derrida (2005) nos ofrece para sostener la esperanza, que en términos derrideanos es sostener la poesía.

Quizás no tengamos que elegir entre unidad y multiplicidad, ni insistir en la multiplicidad por sí misma, sino mantener la tensión en la heterogeneidad y en la diferencia, absolutamente necesaria para la relación con el otro.

Capaces de poder tomar la tradición, lo que recibe que es también lo que se cuestiona y sobre lo que inventa y re-lanzarlo al porvenir, cuestionarnos si seremos capaces de dejar resquicios por donde la violencia, inherente al precio de vivir con otros, pueda aparecer como actividad simbólica y no solamente de barbarie. Esa turbulencia emocional y agregaría social y cultural de la que tanto nos ha hablaba Bion.

El Psicoanálisis llegó a la cultura interesándose por los márgenes, por fenómenos que eran periféricos y descartables en ese momento.

Al descentrar la conciencia y la razón como organizadores categoriales produjo una nueva manera de pensar que conmocionó la filosofía y la ciencia del siglo XX.

Ahora bien, y parafraseando a Julio Moreno: se hizo tanta propaganda alrededor de eso que se tardó mucho tiempo en advertir que quitar algo del centro no es lo mismo que quitar el centro del centro, y que no alcanzaba con una retórica acerca del descentramiento del sujeto.

El complejo nuclear, muy pronto reemplazó a la idea de la conciencia del siglo XIX en el centro de las conceptualizaciones psicoanalíticas.

Hoy, en las distintas conceptualizaciones ligadas fundamentalmente a una fina escucha de la clínica epocal, insiste en aparecer un modo de pensar nómade, incentrable, que no gira en la órbita de un concepto.

Estos intentos, que algunos llaman un Psicoanálisis postcolonial, se aproximan a terminar con la imaginería de un sujeto como entidad aislada, híper-individual, es una tarea en la que los psicoanalistas tenemos que esforzarnos.

Encontrarnos con otras disciplinas no es escuchar respetuosamente a otros, pero seguir con nuestro librito, sino que nos convoca a poner a debate nuestros propios presupuestos psicoanalíticos. Recuerdo a Luis Kanciper, que, en su último libro, realiza un enorme alegato por el porvenir del Psicoanálisis y su preocupación por los influjos teóricos y clínicos ejercidos por la esperanza y la desesperanza en el analizante y también en el propio psicoanalista acerca de la convicción que cada uno de ellos tiene respecto a la acción mutativa del Psicoanálisis.

Esta preocupación de Kanciper, nos convida a analizar cada uno la confianza en el dispositivo y no solamente durante la formación sino y fundamentalmente en el a posteriori de las obligaciones analíticas que la formación nos demanda.

Rrecuperar las exigencias del descubrimiento freudiano, con la convicción de que el Psicoanálisis constituye la teoría en la que reside la defensa más importante de la subjetividad como producción histórica, por momentos parece una utopía, pero a la vez representa una fuerte apuesta a la ética.

Es preciso que analicemos los mecanismos autoinmunes, tal como los describieran Jacques Derrida, Espósito con los que sectores dentro del movimiento psicoanalítico se resisten a plantear nuevas preguntas o maquillan de novedad la aplicación de viejas respuestas sin someter a prueba los presupuestos de partida o los nuevos entramados.

Julia Kristeva aboga por que la experiencia psicoanalítica pueda ocupar el sitio que está vacío en nuestra civilización contemporánea, nombrando el sufrimiento, escuchándolo, exaltándolo, es sin duda una manera de vérnosla con la tristeza.

El pesimismo no puede tener la última palabra.

Los desafíos del psicoanálisis (con niños y no solamente) en esta mutación

Pensar en términos de desafío implica concebir un Psicoanálisis que no está detenido en el tiempo, no permitirse reposar en la tranquila seguridad de saberes conocidos y sacralizados, antes bien, pensar en término de desafíos es una invitación, una convocatoria al abismo de lo desconocido, de lo no pensado, en definitiva, a retomar lo más fuerte de la herencia freudiana.

La etimología de la palabra desafío, viene de una formación romance del latín vulgar: des como una inversión de la acción, asociado al verbo fiar, dar garantías.

Esta conjunción de movimientos en apariencia contrarios me recuerda la magistral descripción que Nietzsche elabora sobre las fuerzas activas y reactivas, con las que el hombre enfrenta los acontecimientos. Todo esto, me sirve para oficiar de advertencia que, cuando nos enfrentamos a pensar desafíos o nuevos caminos, lo hacemos ante fuerzas complejas, contradictorias, cuyos derroteros no tienen una dirección única, ni la ruta está marcada. Lo incierto es el norte de la brújula.

Bion, en su seminario "Hay que pasar el mal trago" decía: "Estudiará el psicoanálisis la mente viviente? ¿O se utilizará la autoridad de Freud como disuasión, como una barrera para no estudiar a la gente? El revolucionario se vuelve respetable, una barrera contra la revolución ..."

¿Peligra el psicoanálisis en este siglo XXI? A riesgo de precipitarse en una teoría cada vez más abstracta, que fascina por su relación con la topología y otras disciplinas formales, puede perder su contenido. Sin embargo, la experiencia clínica se resiste a la faja del concepto.

Nuestro oficio clínico en tanto psicoanalistas empieza donde se revela el fracaso de lo esperado o predecible, justamente en ese punto en el cual el niño o el adolescente no quedan subsumidos en una estructura, ahí donde la forma cede su bravura ante el acto.

¿Qué teoría es tan autónoma que no tenga exterior, que no sea perturbada por ese exterior? se preguntaba Luis Hornstein allá por el año 2000.

Los desafíos no están escindidos de las marcas epocales, todo lo contrario. Las huellas del trabajo clínico que irrumpen nos interrogan y conmueven.

Como en los viejos juegos de rondas infantiles, las huellas clínicas bordean un vacío que sería iatrogénico e ilusorio llenar con lo ya construido-sabido en el siglo pasado.

Este vacío sin embargo es el gran desafío de esta época. Franco Berardi Bifo lo expresa de una manera muy clara: "La primera generación que aprendió más palabras de una máquina que de su madre está hoy en escena. ¿Qué formas de subjetivación se están poniendo en juego?".

Del vacío, de ese infinito vacío y sin forma del que nos hablaba Bion recitando a Milton… ¿podrá devenir la fuerza que fermente el deseo de asumir el legado freudiano de un nuevo espacio a construir?

Los desafíos nacen y se nutren de esos vacíos, de esas faltas, de esas oscuridades contemporáneas.

Giorgio Agamben decía que: "Contemporáneo es aquel que tiene la mirada fija en su tiempo, para percibir no la luz, sino la oscuridad. Todos los tiempos son, para quien experimenta la contemporaneidad, oscuros. Contemporáneo es, justamente, aquel que sabe ver esta oscuridad, y que es capaz de escribir mojando su pluma en las tinieblas del presente."

Los paradigmas de una época comienzan por olfatearse en las oscuridades, por respirarse de manera imperceptible, no consciente, mucho antes de que puedan ser conceptualizados. Los nuevos paradigmas no aparecen solos. Los nubarrones paradojales coexisten y los acompañan. Paradigmas y paradojas riman.

Desde los maestros de la sospecha, Freud, Nietzsche y Marx, asumimos que el hombre es un sujeto dividido, por tanto, como psicoanalistas la rima entre paradigma y paradoja no debería extrañarnos de sobremanera.

Los paradigmas se alojan, en tanto conceptualizaciones, más cerca de la ciencia, las paradojas, del griego "para" y "doxos", que significa "más allá de lo creíble", y, es un concepto filosófico para nominar situaciones, textos, o circunstancias que resultan contradictorias, pero que co-existen con una serie de factores que se consideran validos o reales.

El paradigma vigente en una época llega a determinar la percepción de la realidad, ya que no existe una percepción neutra, objetiva, verdadera, de los fenómenos, sino que la percepción se ve teñida, enmarcada, tamizada por el paradigma de turno que, de alguna manera controla y dirige el universo epistémico.

Ahora bien, una cierta oscilación e interconexión entre las paradojas y los paradigmas de una época se encargan finalmente de romper con dogmas, de cuestionar los paradigmas y de abrir espacios hacia lo paradojal. Entre otros, Wilfred Bion, Donald Winicott y René Rousillion, han resaltado el lugar de las paradojas en la constitución subjetiva.

Con estos condimentos teñidos de deseo, pasión y compromiso con el Psicoanálisis, conjeturo, se fabrican los desafíos.

Algunas coordenadas que mutan de manera silenciosa

Quisiera puntuar algunas líneas, que entiendo, desafían nuestro oficio y al modo de file rouge insisten en aparecer, de modo enigmático, en la clínica y en las preocupaciones que, en tanto psicoanalista, nos desvelan a muchos de nosotros.

La primera refiere a la fuerte apuesta que algunos analistas realizan para sostener, sin renegar de nuevos aportes, una clínica que no disocie lo mutativo del trabajo en transferencia con el niño, su ambiente subjetivante y el psicoanalista.

La historia de los abordajes clínicos en psicoanálisis con niños está marcada por una cierta escisión, entre psicoanálisis ortodoxo y psicoanálisis transgresor.

Las acusaciones que pesaron sobre Melanie Klein de no estar haciendo un verdadero psicoanálisis cuando atendió a Rita en su casa, o paseaba con Dick por el jardín ya forman parte de una mística bandera revolucionaria, que quienes estudiamos con fervor militante los textos de Klein supimos levantar. Sin embargo, la situación ha cambiado, se ha complejizado y mucho.

El desarrollo que el psicoanálisis con niños ha tenido en la segunda mitad del siglo pasado y en lo que va de este siglo es vastísimo. Para nombrar solo algunos de los temas que me interesan destacar: el ritmo en el proceso de subjetivación, los aportes del dispositivo de observación que amplían y complejizan la escucha, las investigaciones psicoanalíticas que se están realizando sobre huella, plasticidad, experiencia y simbolización que interrogan y permiten volver a pensar las posibilidades representacionales, comportan algunos de los vértices que han germinado en el pensamiento psicoanalítico contemporáneo.

¿Cómo darles un espacio crítico a estos conceptos cuando muchos de ellos han sido desarrollados desde la clínica misma e impactan en las teorías que nos construimos, sin dejar de lado nuestro norte clínico representado por la escucha, la transferencia y la contratransferencia?

Entiendo que este es uno de los desafíos ante los cuales nos encontramos hoy los psicoanalistas y el psicoanálisis con niños en particular. Es también, un convite a no fabricar respuestas prematuras, dando por sentado que ya todo ha sido dicho, o intentando explicar lo nuevo apelando a lo conocido. ¿Cuántos cambios traería a nuestra clínica profundizar en estos conceptos? Otro de los desafíos por transitar, tanto teórica como clínicamente.

Una segunda coordenada que está mutando, y que nos demanda un esfuerzo de trabajo y conceptualización es la caída del dualismo psicoanálisis puro-psicoanálisis aplicado.

Con los cambios epistemológicos acaecidos en el siglo XX y los nuevos paradigmas complejos, las certezas de las que se gozaron en el siglo pasado hoy son zonas de opacidad, de incertidumbre.

En el concepto "psicoanálisis aplicado" quedó archivado aquello que era lo menos importante. Sin embargo, desde ya hace un tiempo, y sobre todo en América Latina, viene gestándose un movimiento de puesta en valor de un Psicoanálisis convocado a dejarse afectar por los territorios y por la época que vive. Marcelo Viñar lo llamó un Psicoanálisis implicado, Psicoanálisis a cielo abierto, Psicoanálisis en la cultura.

Sea cual sea el nombre con el cual se termine identificando este movimiento de implicación, lo cierto es que, convoca a la imprescindible tarea de retomar el legado freudiano de ser exploradores de tierra desconocidas.

De ese mestizaje entre el oro y el bronce, entre las narraciones singulares y los relatos colectivos, se va fermentando una transformación de la cual nuestra región, en el contexto del psicoanálisis mundial, es clara protagonista.

El psicoanálisis, y los psicoanalistas que ejercen su oficio con niños y adolescentes enfrentamos aquí un nuevo desafío, ¿que singulares tiene el plural de crecer y desarrollarse entre las calles o los campos de América Latina? ¿Qué especificidades adquiere la subjetivación en estas tierras? Un punto apenas para comenzar una ardua tarea.

Una tercera coordenada que quisiera señalar está referida a lo que Bernard Golse bordeó con el significante: Lo que no podemos ceder, y que, por estas latitudes con Víctor Guerra, formuláramos como: Niños en sospecha de autismo y analistas en sospecha de ineficacia.

Los tiempos vertiginosos no se llevan muy bien con los tiempos que necesita un niño para crecer y desarrollarse, y menos aún, con los tiempos de la clínica psicoanalítica.

El psicoanálisis y en especial el psicoanálisis con niños ha sufrido la crítica desbastadora de resultar anacrónicos e ineficaces.

Muchos de los problemas que se atraviesan en el camino de la subjetivación han sido fijados como categoría nosográficas llamadas trastornos. Estas hipótesis, generalmente uni-causales, que pierden de vista la riqueza de la complejidad humana, se ven paradojalmente contrastadas con la variedad de casos, que obliga finalmente a reintroducir la particularidad irreductible de cada uno singular junto a su entorno.

En los congresos, en las redes, en las bibliografías, se denuncia la preocupación por la pérdida de la confianza en los efectos de la clínica, y, en su consecuencia inmediata que es la búsqueda de soluciones mágicas, buscadora de signos que la estadística ha estandarizado y que se encuentran codificados y reunidos en protocolos de asistencia.

Esto no implica que en la infancia no haya enfermedad, pero estamos asistiendo a una epidemia que ubica a todo niño que se sale de ciertas normas preestablecidas dentro de cuadros nosográficos, donde los trastornos terminan eclipsando a los síntomas.

El psicoanálisis con niños se encuentra en este momento atravesado y conmocionado por todos estos combates como los llamó Eric Laurent que nos obliga a repensar nuestras propias ideas, pensar para mutar mejor, como propone Mariano Horenstein (2020) en su texto: Analizar como un avatar.

Si buscamos entre los retoños de lo vivido, seguramente iremos encontrando muchos indicadores de transformaciones silenciosas (Jullien 2013) que fueron acaeciendo de manera imperceptible.

No son cambios ligeros, degeneraciones, o enfermedades misteriosas. Se trata de una mutación... por el momento la única palabra que tenemos disponible para nombrar lo que sucede.

Referencias bibliografías

Agamben, G. (2008): Que es ser contemporáneo Recuperado de: https://19bienal.fundacionpaiz.org.gt/wp-content/uploads/2014/02/agamben-que-es-lo-contemporaneo.pdf.

Baricco, A. (2008). *Los bárbaros. Ensayo sobre la mutación*. Barcelona: Anagrama.

Baricco, A. (2019). *The Game*. Barcelona: Anagrama.

Berardi Bifo, F. (2016). *Generación Post-Alfa, patologías e imaginarios en el semiocapitalismo*. Argentina: Tinta Limón.

Bion, W. (1999). *Seminarios clínicos y cuatro textos*. España: Lugar Editorial.

Derrida, J. (2005). *Cada vez única, el fin del mundo*. España: Pretexto.

Derrida, J.; Roudinesco, E. (2009). *Y mañana, qué*. España: Fondo de Cultura Económica.

Espósito, R. (2002). *Immunitas. Protección y negación de la vida*. Buenos Aires: Amorrortu.

Golse, B. (2012). Sobre lo que no podemos ceder. *Revista Controversias en Psicoanálisis de Niños y Adolescentes*. Dossier 2013. Recuperado de: http://www.controversiasonline.org.ar/dossier/GOLSE.pdf.

Guerra, V.; Santolalla, M. (2016). Niños en sospecha de autismo y analistas en sospecha de ineficacia. Calibán, *Revista Latinoamericana de Psicoanálisis*, Volumen 14, N>12.

Horenstein, Mariano (2020): Analizar como un avatar. Recuperado de: https://marianohorenstein.com/analizar-como-un-avatar/

Jullien, F. (2013): *Cinco conceptos propuestos al psicoanálisis*. Buenos Aires: El cuenco de plata.

Kanciper, L. (2017). *Hacia una clínica y metapsicología ampliada*. Buenos Aires: Lumen.

Moreno, J. (2016). *El psicoanálisis interrogado. De las causas al porvenir*. Buenos Aires: Lugar Editorial.

Zizek, Slavoj. (2012). *En defensa de causas perdidas*. Madrid: Akal.

Mónica Santolalla

Psicoanalista, miembro titular de la Asociación Psicoanalítica de Córdoba.
Actual presidenta de la Asociación Psicoanalítica de Córdoba.
Ex directora del área de Niñez y Adolescencia de la Federación Psicoanalítica de América Latina (FEPAL), por el período 2016-2018.
Especializada en Psicoanálisis con Niños y Adolescentes (IPA), imparte conferencias, seminarios y supervisiones en distintos países de América Latina.
Coordinadora alterna de Niñez y Adolescencia de FEPAL, por el período 2014-2016.
Docente titular del Instituto de Formación de la Asociación Psicoanalítica de Córdoba.
Editora Revista Docta - Asociación Psicoanalítica de Córdoba.
Ex- Docente del Postgrado de Psicoanálisis con Niños y Adolescentes de la Universidad Nacional de Córdoba.
E-mail: santolallamonica@gmail.com

De otras mutaciones…
Excluidos, con-finados y olvidados.
Envejecer a través y más allá de la pandemia

Jorge Schneidermann

"Envejecer es como escalar una gran montaña:
mientras se sube las fuerzas disminuyen,
pero la mirada es más libre,
la vista más amplia y serena".
Ingmar Bergman (1918-2007).

Consumada la caída del Muro de Berlín en noviembre de 1989, con el fin de la Guerra Fría los años '90 despuntarían dando paso a la posmodernidad, enmarcando un proceso transformacional signado por el definitivo resquebrajamiento y desmoronamiento de los grandes relatos hegemónicos, por entonces ya agotados y diluidos en sus propias inconsistencias doctrinarias.

En tanto Francis Fukuyama (1992) anunciaba "El fin de la Historia" y Samuel Huntington (1996) publicaba "Choque de civilizaciones" proponiendo un revulsivo abordaje de la coyuntura geopolítica finisecular, a las puertas del nuevo milenio nos aguardaría el Big Bang tecnológico que aceleraría los tiempos de la globalización bajo la égida de nuevos paradigmas económicos, comunicacionales y convivenciales.

Sobrevendrían tiempos de profundos cambios que mutarían definitivamente nuestros patrones de relacionamiento social, en un mundo quizás menos ancho, más interconectado, pero más ajeno a nuestras necesidades afectivas.

Paulatinamente, las redes sociales virtuales le fueron ganando terreno a las reales y, más temprano que tarde, los dispositivos digitales se adueñarían de nuestra cotidianeidad, deviniendo a lo largo de esta última década, como en su momento prospectara Mc Luhan (1964), en sendas prolongaciones del cuerpo y los sentidos.

Décadas después, Giovanni Sartori (1998) anticiparía taxativamente en su obra "Homo videns. La sociedad teledirigida", la centralidad que pronto cobraría la parafernalia tecnotrónica y, en tal contexto, la imagen.

Un cambio de época

Casi convencidos de haber accedido al divino don de la ubicuidad, y erigidos en amos y señores de un universo telemático en incesante expansión, como por arte de birlibirloque un contumaz virus -cuyo diámetro, según Cuffari (2021) oscila entre 50 y 140 nanómetros- colonizó intempestivamente nuestras vidas implacable e impiadosamente, sitiándonos, enclaustrándonos y coartando nuestras libertades.

Descerrajando una artera y letal estocada sobre el corazón de la comunidad mundial, la progresiva e irrefrenable propagación del SARS-CoV-2 (COVID-19) evidenció, desde el inicio de esta crisis, las carencias y falencias de los organismos sanitarios internacionales, así como la ostensible insolvencia de la mayoría de los Estados -incluso los más desarrollados-, al momento de enfrentar los efectos de una pandemia solamente equiparable a la que asoló al planeta hace un siglo, cercenando la vida de decenas de millones de personas.

Refiero, claro está, a la deletérea y mal denominada "gripe española" originada en Estados Unidos sobre las postrimerías de la Primera Guerra Mundial, y a la sazón meteóricamente esparcida sobre los escombros de una

Europa emocionalmente destruida, económicamente devastada y geopolíticamente fragmentada.

En efecto, los índices de transmisibilidad y mortalidad que presenta el virus que hoy nos atribula, notoriamente superiores a los registrados durante las epidemias de SARS (Síndrome agudo respiratorio severo) e Influenza H1N1 en 2003 y 2009-10 respectivamente, le transformarían en un inclemente flagelo capaz de provocar el colapso de las unidades de terapia intensiva y sumir a la comunidad científica global en un profundo desconcierto.

Inexorablemente, la desestabilización económica resultante de la desactivación temporaria o definitiva de importantes sectores de la industria, el comercio, la educación y las áreas de servicio; el incremento del índice desocupacional y su impacto en los estratos sociales más sumergidos, entre otros factores, precipitaron la implementación de planes de contingencia básicamente orientados al reencauzamiento económico, la creación de la tan anhelada vacuna y la búsqueda de respuestas farmacológicas paliativas, soslayando, sin embargo, el elevado costo emocional asumido por miles de millones de personas compelidas a apartarse parcial o totalmente de los marcos de referencia consustanciales a su modelo básico existencial. Ello se trasuntaría en un exponencial incremento de los cuadros de estrés, ansiedad, angustia y depresión.

Devenimos, sin mayor opción, en protagonistas de una trama de ribetes cuasi surrealistas, digna del propio Ray Bradbury o, incluso, capaz de trasponer los límites del imaginario creativo de los grandes maestros de la ciencia ficción o del realismo mágico.

Para muchos, esta crisis ambientó la posibilidad de repensar y rediseñar esquemas de relacionamiento social y, fundamentalmente, abocarse a la re-significación de su propósito vital.

Para otros tantos, empero, la vivencia de desamparo

y el agotamiento emocional se apoderaron de su cotidianeidad.

Entre ellos, amerita un especial abordaje la situación de los adultos mayores, franja poblacional cada vez más numerosa y, al mismo tiempo, expuesta a las penosas vicisitudes de la exclusión y la invisibilización.

Un mundo que se transforma y envejece

A los efectos de establecer un diagnóstico situacional y una mirada prospectiva acerca del envejecimiento de la población mundial, detengámonos por un instante en ciertos indicadores estadísticos.

De acuerdo a guarismos proporcionados por el Fondo de Población de las Naciones Unidas (2012), en los albores del siglo XXI la cantidad de adultos mayores de 60 años ya superaba a la de niños menores de 5 años. Asimismo, para 2022 el mundo albergará mil millones de personas que superen los 60 años. Dichas prospecciones indican que para el 2050 los adultos mayores superarán a los menores de 15.

En 2019 dicha organización informó que 1 de cada 11 habitantes del planeta superaba los 65 años, proporción que para 2050 será de 1 cada 15.

En función de las cifras arrojadas por el último censo efectuado en Uruguay por el Instituto Nacional de Estadística (2011), en ese momento la cantidad de adultos mayores de 60 años ascendía a 624.400 (el 19% de la población). Por su parte, cifras relevadas en 2018 revelan que la expectativa de vida al nacer promedia los 77,77 años, siendo uno de los índices más elevados de la región, ubicándose a nivel global en el puesto 48. Si consideramos que en 1960 la expectativa era de 67,78 años, el avance ha sido más que significativo.

A la luz de estos indicadores, la pregunta que se impone es si las ciencias en su conjunto están preparadas para afrontar solventemente tamaña explosión demográfica, especialmente en lo atinente a la Salud Mental, área que de cara a un futuro que se halla a la vuelta de la esquina, deberá asumir el desafío de delinear y operativizar modelos de intervención que acompasen los tiempos por venir.

Excluidos, olvidados y con-finados

En Uruguay, la instalación de residenciales para ancianos, en su inmensa mayoría apartados de los estándares asistenciales adecuados, se ha tornado moneda corriente.

La pandemia descorrió una vez más el telón a una preocupante realidad ostensiblemente desatendida por las autoridades competentes, y a la vez legitimada por quienes a la postre optan, a sabiendas o irreflexivamente, por "depositar" a sus mayores en esta clase de establecimientos.

La consabida falta de idoneidad y/o escrúpulos de quienes a menudo ven en esta actividad simplemente la oportunidad de obtener pingües ganancias, prescindiendo incluso de la contratación de profesionales y personal debidamente calificados, se ha vuelto una constante. Todo ello se trasunta en la imposibilidad de cubrir competentemente las necesidades nutricionales, sanitarias y recreativas de los residentes.

Son relativamente pocas las "Casas de Salud" que garantizan el cabal cumplimiento de tales exigencias, así como también considerablemente onerosas para el grueso de la población.

Si bien es de orden justipreciar la encomiable tarea -tanto en la esfera institucional como domiciliaria-, de infinidad de trabajadores que asumen amorosamente el cuidado de adultos mayores, la permanente exposición a situaciones estresógenas y la falta de apuntalamiento psicológico, son potenciales desencadenantes de cuadros de burnout (síndrome del "cuidador quemado"), con todas las consecuencias que ello acarrea para la integridad de los ancianos, las más de las veces imposibilitados de denunciar estos hechos (violencia física y/o psicológica, negligencia, usurpación de bienes y otros tipos de victimización).

Por supuesto, ello se acentúa ineluctablemente en los establecimientos estatales, muchos de los cuales, producto de los menguados recursos asignados a la salud pública, constituyen oprobiosos reductos estructuralmente más próximos a los deshumanizantes hospicios decimonónicos que a un hogar de reposo.

El apego a la cultura de lo desechable, el cortoplacismo, la multitarea, el uso cuasi adictivo de la tecnología y el trepidante ritmo de vida representativos de esta era que nos atiborra de necesidades y anestesia el deseo, nos ha convertido en individuos más indiferentes y refractarios a la peripecia del otro.

La pandemia desembozó como nunca el relegamiento que padece el adulto mayor en el seno de esta sociedad decididamente dispuesta a arrojar su dignidad a las fauces del consumismo, convencida, ilusamente, de que la felicidad es un camino que nos conduce hacia las puertas de una tienda, y que el dinero es una suerte de panacea capaz de exorcizar o transmutar alquímicamente los malestares del alma.

En tanto el implacable paso de los años lo aparta de los primeros planos, desplazándolo hacia un mero papel de reparto, el anciano esgrime todo su arsenal defensivo replegándose y parapetándose detrás de sus certezas, sus fortalezas, sus memorias y desmemorias.

Reivindicar el derecho del adulto mayor a ser visibilizado, escuchado, elegir, desarrollar autonomías y, por ende, a apropiarse de este tiempo del cual ha sido laborioso constructor, constituye una de las grandes asignaturas pendientes de la sociedad contemporánea.

Lamentablemente, los ancianos siguen encabezando

en nuestros días la lista cada vez más extensa de actores sociales vulnerables. Muchos de ellos se hallan expuestos al desarraigo y a los avatares de la intemperie afectiva, especialmente aquellos imposibilitados de gestionar su propia vida, o que habiendo traspasado los límites de la marginalidad y/o la cordura, se ven condenados al confinamiento y al olvido.

Salvo situaciones puntuales, la institucionalización del anciano autoválido sólo suele ser el atajo más funcional a los intereses de su entorno. Alejados de sus referencias materiales, y obligados a trajinar el día a día en ausencia de sus referentes afectivos, el tedio y la falta de motivación comienzan a socavar, lenta pero sostenidamente, sus reservas anímicas y sus capacidades cognitivas.

Parafraseando al gran Jacobo Langsner[1], de la mano de la resignación sólo le restará "esperar la carroza" confinado, muriendo poco a poco, tramo a tramo, su propia vida.

Contrariamente a lo que acontece en otras partes del mundo, en Uruguay los adultos mayores de 65 años constituyen el grupo donde se registra la mayor cantidad de suicidios (33%). Las cifras son por demás elocuentes.

Revertir esta situación no habrá de ser tarea fácil. Desestimar el modelo deficitario asociado a anacrónicas consignas asistencialistas, nos permitirá transitar hacia nuevos esquemas de intervención que nos habiliten a trabajar con y no para el anciano, restituyéndole así su inalienable derecho a ser, sentir y estar en el mundo en función de su propio deseo.

El camino es largo y cenagoso. Desmalezarlo, allanarlo y abonarlo de cambios, se torna impostergable. A quienes nazcan en el correr de estos años, seguramente les aguardará un futuro en el que las expectativas de vida rondarán

---

[1] Dramaturgo rumano-uruguayo y autor de *"Esperando la carroza"*, obra estrenada el 12 de octubre de 1962 por el elenco de la Comedia Nacional en el Teatro Solís de Montevideo.

la centuria, desde ya motivo suficiente para reflexionar acerca de estos temas concienzudamente y sin dilatorias.

La vejez no es sólo "cosa de viejos". Hacia allí, mal que le pese a esta sociedad juvenilizada, habremos de dirigirnos todos.

A modo de colofón...

El devenir de los procesos civilizatorios que han jalonado la historia de la humanidad nos ha revelado palmaria y axiomáticamente la centralidad que cobra cada crisis (social, económica, ideológica, etc.) como factor revulsivo, transformador y catalizador de cambios.

El propio derrotero del Psicoanálisis a lo largo de los últimos 120 años da cuenta de ello. La obra de Freud mojona el inicio de un viraje sustancial, un punto de inflexión en cuanto a la comprensión profunda de los procesos rectores de la vida anímica.

En el entendido de que ningún saber científico que se precie de tal debe operar de espaldas a la realidad, Freud, consecuente y leal militante de sus propias convicciones, transformó cada crisis personal en una oportunidad para repensar-se, replantear sus ideas y orientarlas hacia la acción.

La crisis sanitaria que hoy nos ocupa y preocupa nos enfrenta a un nuevo cruce de caminos como analistas y agentes vehiculizadores de salud.

Esta pandemia nos enfrentó a un enemigo silente que fagocitó nuestras certezas y desnudó nuestra inerme condición de seres falibles e imperfectos, instándonos a reconfigurar axiológica y deontológicamente nuestra hoja de ruta.

De pronto entendimos la importancia de adecuar nuestro concepto de encuadre y adaptar nuestro vademécum metodológico a una realidad que no pasó de largo y nos obligó a ensanchar los horizontes de nuestra búsqueda desde, a través y más allá del Psicoanálisis.

Al igual que el yudoca que se vale del ímpetu y la fuerza descontrolada de su contrincante, hemos logrado plantearle férrea resistencia a esta peste y emerger, aunque un tanto magullados, enteros y fortalecidos.

La intención de este trabajo no ha sido otra que elevar a la consideración de todos, un tema que debe interpelarnos y convocarnos ineludiblemente a la reflexión en clave de nosotros.

Felizmente, en las últimas décadas se ha registrado un creciente interés por el trabajo clínico con adultos mayores.

Recuerdo al querido colega y amigo el Dr. Edgardo Korovsky, referente de primer orden de la Psicogerontología Psicoanalítica en nuestro país si los hubo, aludiendo hace algunos años en Jornadas y Congresos de la Asociación Latinoamericana de Psicogeriatría y Psicogerontología (A.L.A.P.P.) a la acotada producción académica de nuestros pares en torno a la senescencia, precisamente en un país en que prácticamente el 20 % de la población se sitúa dentro de esta franja etaria.

Afiliado a los planteos de Karl Abraham, para quien lo sustancial no era la edad del paciente sino la de la neurosis, y contraviniendo incluso los presupuestos primigenios de Freud acerca de los inconvenientes de atender pacientes añosos, Korovsky (2000) estableció una clara sintonía con autores como Salvarezza (1988) en cuanto a la eficacia del Psicoanálisis más allá de los viejos y perimidos parámetros.

Si bien queda claro que el envejecimiento es un proceso individual (atravesado por cambios que se producen en los planos biológico, psicológico y social), que de hecho comienza en el mismo momento de la gestación, no necesariamente ocurre lo mismo con la vejez, un constructo social que no define en sí aptitudes y, en consecuencia, no inhabilita al paciente anciano a transitar exitosamente por un proceso analítico. Más allá de los estigmas y las etiquetas, la clínica es soberana.

Somos el aire que respiramos, los alimentos que ingerimos, los vínculos que establecemos, nuestros triunfos, las caídas y las veces que nos hemos levantado. Somos las cicatrices que surcan nuestro cuerpo y las sangrantes heridas del alma que aún no hemos logrado restañar.

Hemos sido y seremos perennemente amos y esclavos de las palabras y los silencios que nos delatan.

Nos constituyen todas y cada una de las contingencias que nos aguardan agazapadas a la vera del camino, los avatares cotidianos, nuestros miedos, las injusticias, los pasos que hemos temido dar, la vida que no quisimos tener y la que en definitiva tenemos.

Cada tramo recorrido se inscribe indeleblemente en nuestro ser. En tal sentido, de acuerdo a como hemos vivido, habremos de envejecer.

Bibliografía

Comedia Nacional del Uruguay (s/f). Listado de títulos estrenados: 1961-1970. Recuperado de https://comedianacional.montevideo. gub.uy/institucional/listado-de-titulos-estrenados/1961-1970

Cuffari, Benedette (2021). La talla de SARS-CoV-2 y de sus implicaciones. Recuperado de https://www.news-medical.net/health/The-Size-of-SARS-CoV-2-Compared-to-Other-Things-(Spanish).aspx

Fernández Ferman, Abel (2004). Psicoanálisis en la vejez: Cuando el cuerpo se hace biografía y narración. *Revista Uruguaya de Psicoanálisis*, 99, pp. 169 – 182. Recuperado de: https://www. apuruguay.org/revista_pdf/rup99/rup99-fernandez.pdf

Fondo de Población de las Naciones Unidas (2012). Sí a la opción, no al azar. Planificación de la familia, derechos humanos y desarrollo. Recuperado de https://www.unfpa.org/sites/default/files/pub-pdf/SP_SWOP2012_Report.pdf

Fukuyama, Francis (1992). *El fin de la historia y el último hombre.* Barcelona: Editorial Planeta.

Huntington, Samuel (1995). *Choque de civilizaciones: y la reconfiguración del orden mundial.* Barcelona: Ediciones Paidós.

Korovsky, Edgardo (2000). Psicoanálisis en la Tercera Edad. Consideraciones Psicoanalíticas acerca del Cuerpo del Anciano. *Revista Querencia*. Recuperado de https://querencia.psico.edu.uy/revista_nro1/edgardo_korovsky.htm

McLuhan, Marshall (1964). Understanding Media The extensions of man. New York: McGraw-Hill.

Ministerio de Salud Pública del Uruguay (2020). Día Nacional de Prevención del Suicidio. Recuperado de https://www.gub.uy/ministerio-salud-publica/sites/ministerio-salud-publica/files/documentos/noticias/Presentaci%C3%B3n%20de%20datos%20para%20 D%C3%ADa%20Nac%20P%20Suicidio%202020.pdf

Naciones Unidas (2019). Desafíos globales. Envejecimiento. Recuperado de https://www.un.org/es/global-issues/ ageing#:~:text=Seg%C3%BAn%20datos%20del%20informe%20%22Perspectivas,tener%2065%20a%C3%B1os%20o%20 m%C3%A1s

Salvarezza, Leopoldo. (1988). *Psicogeriatría. Teoría y técnica.* Buenos Aires: Paidós.

Schneidermann, Jorge. (2015, 3). Envejecimiento global. Esto no es solo cosa de viejos. *Mensuario Identidad*, pp. 10 y 11.

Schneidermann, Jorge (2015, 6). La importancia del tiempo y la pausa en el hipocrático arte de curar. *Mensuario Identidad*, pp. 11.

Lic. Jorge Schneidermann

Licenciado por la Facultad de **Psicología** de la Universidad de la República Oriental del Uruguay, institución en la que ejerció la docencia en las Cátedras de Psicopatología (Hospitales Psiquiátricos Musto y Vilardebó,1990-1991), **Historia de la Psicología** (1990-1995) y **Psicología Evolutiva** (1992-2004). Participó en dicho ámbito en la organización de diversos proyectos investigativos y actividades vinculadas a la extensión universitaria.

Es **Psicólogo Clínico** y practica la **Psicoterapia Psicoanalítica** de adultos desde 1990.

Asimismo, fue docente de **Psicología Evolutiva, Psicología del Niño y Psicología del Aprendizaje** en los Institutos Normales Magisteriales ("María Stagnero de Munar" y "Joaquín R. Sánchez") y en el Instituto Normal de Enseñanza Técnica (I.N.E.T), durante los años 1992 y 1993.

Tuvo a su cargo entre 2006 y 2010 la dirección del **Área de Psicogerontología Psicoanalítica** y la coordinación de actividades académicas de la filial Uruguay de la Asociación Latinoamericana de Psicogeriatría y Psicogerontología (A.L.A.P.P.).

A su vez, se dedica desde la década del '90 a la investigación de los procesos socio-históricos y los paradigmas epistemológicos que enmarcaron los orígenes del Psicoanálisis y del Movimiento Psicoanalítico.

Es autor y coautor de numerosos artículos y ensayos presentados en congresos y simposios académicos nacionales e internacionales, desde 1990 hasta la fecha.En 2018 se integró al equipo docente de la **Cátedra de Judaísmo "Nisso Acher"** del Departamento de Humanidades de la Universidad Católica del Uruguay (U.C.U.).

Es columnista de UYPRESS (Agencia Uruguaya de Noticias), Mensuario Identidad de Uruguay, Radio Sefarad de España y colaborador de numerosos medios periodísticos e instituciones culturales de Argentina, México e Israel.

Desde 2018 desarrolla en Radio Nacional de Montevideo (en el marco del programa Vivencias) el espacio radial semanal **"MANO A MANO Y SIN DIVÁN",** propuesta divulgativa abocada al abordaje de diferentes tópicos relativos al quehacer psicológico.

E-mail: schneiderlaiser@hotmail.com /
jorgeschneidermann@gmail.com

"...estamos hechos de tiempo, del tiempo que los otros nos donaron y nosotros donamos para ir entretejiendo la trama de la vida"

Hilda Catz
(2020) Narrativa y tiempo

"Sin equidad, las batallas pandémicas fracasarán. Los virus simplemente recircularán y quizás sufrirán mutaciones o cambios que inutilicen las vacunas, pasando por las poblaciones desprotegidas del planeta"

Laurie Garrett
(1994) 'La próxima plaga'

El virus muta; ¿nosotros...mutamos?, una mirada psicoanalitica ¿Cuándo el espacio se angosta? Sobre el suicidio como mutación contemporánea

Diana Altavilla

> "*Así sucede en el caso de las grandes epidemias –de peste, de cólera...- , y así sucedió en el caso de los campos de concentración, en esa situación extrema en la cual el sobreviviente provisorio está rodeado, circunscripto, sumergido por la masa indistinta de los muertos y los moribundos, y habitado por el sentimiento de la muy grande probabilidad de su muerte próxima, de la inminencia de esa muerte. Entonces se imagina, se percibe como si ya formara parte de esa masa indistinta de muertos y moribundos. Insisto en el efecto masa y el efecto de indistinción.*"
> Paul Ricoeur[1]

Si un desafío se plantea en esta situación de pandemia extendida es el trabajo sostenido con la incertidumbre. Como en otras catástrofes que el mundo hubiera pasado es, durante las mismas, que se pierde cualquier atisbo donde la subjetividad pueda acodarse, darse un respiro, mutarse en alguna otra cosa que no ponga en paralelo el fin. Y es en esta mutación posible que pueda hacerse un lazo que no detente las coordenadas de lo informe para caer en la masa. Fenómeno posible pero no deseable. Instancia de disolución de lo subjetivo por antonomasia y en la cual las estructuras sociales, la clave del contrato social, se distorsiona.

Ya estamos a un año de aislamiento riguroso en casi

todos los países. Algunos más y otros menos, pero pasando alternativamente cuadros de desolación, desamparo e impotencia tanto en aquellos que dirigen los destinos de las naciones como en sus ciudadanos. Hoy estamos en un horizonte de cambios permanentes que pueden remitir a procesos de desintegración y/o fragmentación colectivos y que fuerzan al psiquismo de los sujetos al intento, casi cotidiano, de articular lo disruptivo del entorno con los elementos propios. Es así que vemos a diario, en consulta o en el trato cotidiano, un procesamiento de los hechos que oscila entre la conformación de vivencias articuladas hasta la aparición de síntomas que ponen en relieve la ruptura del proceso articulador.

"En la clínica, el terapeuta intentará, con sus intervenciones, acercar al sujeto a su propia vivencia. Pero ¿qué cualidades tendrá ésta en un sujeto que se encontró en una situación de absoluta inermidad, imposibilitado de elaborar lo acontecido?" (Benyakar, 2005)2

No estoy hablando de una disposición para la adaptación a las dificultades que la pandemia impone o siquiera una construcción en bloque de alternativas de subsistencia. Me refiero a como propender –y alcanzar- alguna forma de posibilidad de construcciones psíquicas que predispongan a los sujetos a la innovación que sostenga lo vital.

Si de algo podríamos hablar sobre mutaciones en los seres vivos, creo que, han sido aquellas donde la esencia de la especie no se pierde y la subjetividad alcance su máximo despliegue. Allí, en esa diversidad de posibles construcciones tal vez esté lo más genuino de cada uno en el universo de las construcciones colectivas, aquellas que incluso construyan el bien llamado "discurso del conjunto", paradigmas, donde se definan idearios colectivos diferentes a los de la "liquidez" generalizada evidente en las expresiones del mundo pre-siglo XXI.

Es cierto que se vislumbraban una variedad de expresiones de las neo-melancolías al decir de *Massimo Recalcatti* que nos colocan en una posición de reflexión constante sobre el impacto disruptivo de lo que llama la *pulsión seguritaria* -o lo que podríamos nombrar como la *intención de garantías-* y que ha hecho a los sujetos, de cualquiera de las coordenadas mundiales, ser-impulsados al todo. El discurso del conjunto avala, promueve y enarbola el ideal de la seguridad del pleno placer más que la satisfacción por los logros (parciales).

Si la pulsión seguritaria se impone a la pulsión gregaria lo que se presenta será más del orden del confinamiento, del encierro, que, del orden de lo verdaderamente pulsional, de aquello que liga a la vida. La disociación entre existencia y sentido. Es, en definitiva, lo anti-pulsional, como vemos en muchas de las llamadas depresiones del siglo XXI. Desde las patologías de borde, las crisis de angustia sin el recorte de lo cifrado, las bipolaridades o incluso algunos de los trastornos donde lo especular o narcisista se hace presente en su versión más cruel. Muchos de ellos desembocan o navegan en los suicidios o intentos de suicidio y autolesiones que reproducen el mal del siglo que se inicia y las postrimerías del anterior que dejaban en suspenso el ideal de la búsqueda de sentido poniendo como paradigma la pérdida completa de sentidos sociales como el representante de la máxima rebeldía a un mundo que fracasaba y/o eludía dar alguna forma de respuesta social a los dilemas más relevantes.

No por nada el suicidio –y los intentos auto-lesivos- continúan incrementándose desde hace más de veinte años, con el agregado de verse reduplicado cuando la adversidad concreta de una amenaza vital se pone en juego. Solo como recordatorio han sido los conflictos armados más confusos y paradojales –Vietnam, Malvinas, Kosovo, Golfo, y otros- además de los conflictos internos socioeconómicos –Grecia, Argentina 2001-, los que han provocado un alto incremento de situaciones de violencia de todo tipo.

En ese marco global la generación de adolescentes y jóvenes de hoy han nacido y crecido y no es utópico que la instalación de la idea de muerte como resolución de problemas se haya incrementado en producciones espontáneas, -desde animes hasta juegos en red letales como La Ballena Azul-, de sujetos tan distantes como los jóvenes occidentales y los orientales. Japón ha duplicado su tasa de suicidios habiendo implementado altas medidas para disminuir el riesgo durante los últimos 30 años y Suecia reformula su ideario social de autogestión dado el aislamiento marcado y aumento de casos de suicidio en adultos mayores que en su mayoría reducen por elección su contacto social.

Y en ese entorno construimos algo de pulsión de vida. Un mundo donde lo letal se pone en juego, algo de lo vital es reinventado. Algo de la muerte es expulsado para dejar lugar a la construcción de un ideal que porta en su raíz el lazo con el otro, el vínculo, el entre-dos, la filigrana de un mensaje dirigido hacia fuera que dona un margen de la subjetividad en un Yo dirigido al encuentro.

Tal vez en su mismo código cifrado, los modos de comunicación contemporáneos toman algo de la muerte para transformarlo en vida. No quedar tomado por la pulsión cerrada en sí mismo que reasegura ilusoriamente una satisfacción plena e imposible.

Las ficciones contemporáneas, en el formato de films intimistas o documentales, acercan el dolor que genera el acto suicida y sean el mayor ejemplo del intento por dar-vuelta una realidad tan actual como globalizada: las formas de las violencias: *On the Edge* de Cyllian Murphy, *El viento que agitaba la cebada* de Ken Leach, *Un saco de canicas* de Cristian Duguay.

En un documental del 2012 de Petra Costa se narra la

propia historia del impacto por el suicidio de la hermana mayor, el tránsito doloroso por las décadas posteriores hasta el procesamiento del evento y la construcción vital de un proyecto que no deja fuera de la historia personal la vivencia del acto ajeno.

"Elena. Soñé contigo anoche. Eras suave, andabas por las calles de NY con una blusa de seda. Busco acercarme, tocarte, sentir tu olor. Pero al mirar, estás sobre un muro enroscada en una maraña de cables electrificados. Miro nuevamente y veo que soy yo la que estoy arriba del muro. Sacudo los cables, buscando electrocutarme, y caigo, del muro tan alto y muero." (del film "Elena" de Petra Costa.)

De la dimensión del vacío contemporáneo se torna imperioso elegir dejando atrás la imposición de la cadena que lleva a la nada transformando la imposición de no-espera –el YA MISMO del mundo actual- en la libertad de cada paso que articula real-imaginario-simbólico. Algo que ocurre fuera de nosotros, algo que se vuelve deseo y algo que en ese deseo da sentido al sujeto.

El psicoanálisis contemporáneo está ante las puertas de tener la ocasión de propender a un cambio: no hay destino prefijado y solo algunas coordenadas. Pero esas coordenadas dan un campo extenso respecto del deseo donde construir. Actos que se vuelvan cifras de deseo y sentido, parcialidades y recortes de la dimensión del amor y de la posibilidad de gozar. Genuinas mutaciones.

Esas pequeñas gotas de luz en un universo de oscuridades.

"Los hombres no han nacido para morir,
sino para inventar"
Hanna Arendt

Bibliografía

(Endnotes)

1   Ricoeur, Paul Vivo hasta la muerte: seguido de fragmentos- 1ª ed. Buenos Aires : Fondo de Cultura Económica, 2008, Pág. 46.
2   Benyakar, M. y Lezica, A.- Lo traumático, clínica y paradoja. 1ª Ed. Buenos Aires: Biblos. Pág. 42.

Lic. Diana Altavilla

Lic. en Psicología y Doctora en Psicología. Psicoanalista. Diplomada universitaria en políticas, planificación, gestión y administración de instituciones y servicios de salud mental. Miembro del Grupo de Investigación sobre El Psicoanálisis contemporáneo y/o Lo Disruptivo del Prof. Dr. Moty Benyakar. Pte. de la Sección Suicidio y Autolesiones de la Federación Mundial de Salud Mental y del Capítulo de la Asociación Argentina de Salud Mental. Integrante de la Sección Intervención en Desastres de la World Psychiatric Association y de la International Association for Suicide Prevention. Asesora ad-honorem del Ministerio de Salud de la Nación en Pandemia por COVID19. Docente UBA. Investigadora, Conferencista internacional y Capacitadora de equipos profesionales. Autora de numerosos artículos sobre problemática del suicidio y del libro: "Suicidio y autolesiones. Impacto, consecuencias y estratégicas clínicas" Ricardo Vergara Ediciones Buenos Aires, 2019.
E-mail: diana.altavilla@gmail.com

Acerca del encuadre analítico en la clínica de la discapacidad en tiempos de pandemia

Jorge G. Cantis

Introducción

A principios de marzo del 2020 con el anuncio de la cuarentena fue necesario pensar estrategias para poder acompañar y seguir con los procesos psicoanalíticos de las infancias y adolescencias con discapacidad y su contexto familiar La clínica de la discapacidad es un universo muy amplio y complejo y en este artículo me voy a referir a niños, niñas y adolescentes con severo compromiso orgánico, con fallas en la constitución psíquica, trastornos del lenguaje y la comunicación y déficit en la simbolización simbolización

Primeros tiempos de la Pandemia y Clínica de la Discapacidad

Si pensamos la pandemia en términos de lo traumático por la cantidad de estímulos endógenos y exógenos a procesar me pregunto cómo una familia con un hijo con discapacidad va a transitar el aislamiento físico, social y obligatorio.

En primera instancia es fundamental revisar el estado psíquico del grupo familiar al iniciar la cuarentena/pandemia ya que es probable que los climas previos se fueron potenciando durante el encierro. Recuerdo que varias familias me consultaban "Jorge ¿cómo vamos a seguir? Mi hijo no se va a poder conectar en forma online, la escuela está cerrada, la kinesióloga ya me dijo que no va atender online". El desamparo se iba potenciando en varias familias: podíamos pensar en un doble desvalimiento: el desvalimiento familiar se entroncaba con el desvalimiento social y sanitario.

Al respecto S Freud (1920) nos dice que "el desvalimiento psíquico se combina con el desvalimiento físico motor". En el desvalimiento psíquico encontramos un estado de indefensión frente al estímulo pulsional y en el desvalimiento físico motor encontramos un estado de indefensión frente al estímulo externo. Ambos desvalimientos se van combinando y entretejiendo.

Nos interesa cómo acompañar a una población con patología física preexistente que quedó muy poco visibilizada en tiempos iniciales de la Pandemia: niños que en sus historias han transitado por una prematurez severa. Y en sus antecedentes los problemas respiratorios y cardíacos (entre otros déficits) estaban en primer plano y ahora el Covid 19 como virus respiratorio actualiza en las familias escenas de desamparos tempranos y que el hijo como bebé estuvo en riesgo. Al respecto en un artículo (Cantis 2020) comento los mensajes y sentencias condenatorias que los padres reciben de los médicos en esas escenas tempranas acerca de su bebé prematuro internado en la isla neonatal (UTI).

En el escenario del aislamiento de la Pandemia se reactualiza en la familia ese mismo desamparo inicial con relatos como "Nosotros sabemos qué es estar encerrados cuando le dieron de alta a mi bebé y ya se había confirmado el diagnóstico de discapacidad. No podíamos salir por las defensas bajas de nuestro hijo y todos los tratamientos de estimulación fueron en nuestro domicilio".

Frente al recuerdo de estas vivencias familiares es importante historizar con los padres, cómo se rescataron en ese aislamiento físico en las etapas tempranas de su hijo con discapacidad; revisar cómo se implementaron los recursos resilientes de acomodación en este período y estar muy atentos a de qué manera actualmente van transitando el aislamiento físico, social y obligatorio.

En relación con los niños, niñas y adolescentes con discapacidad es importante determinar cómo tramitaron y procesaron el encierro teniendo en cuenta que la escuela y los tratamientos interdisciplinarios son el nexo con lo social y lo inclusivo. Si bien es importante rescatar la singularidad de cada niño con su contexto se pudieron observar fuertes estados de duelo expresados a través de ansiedad y angustias tempranas y por extrañar los vínculos con sus pares y adultos: maestros y terapeutas de interdisciplina.

Es importante estar muy atentos a cómo los niños y adolescentes con discapacidad elaboran y procesan las noticias de la realidad acerca del Covid 19 en especial los números de infectados y muertos, ya que en la clínica online los pacientes van repitiendo en forma automática y estereotipada la cantidad de muertos y enfermos.

Se nos plantea el interrogante de cómo abordar el efecto de lo mortífero y de los contagios en las estructuras psíquicas de las personas con discapacidad. Muchas veces algo retorna de sus historias tempranas, "de sus agonías tempranas" al decir de Donald Winnicott (1963). Lo que retorna son sus desamparos iniciales; es importante ligar con palabras el sentir de los niños y el apego de las figuras parentales.

Estrategia para el encuentro Online

Es necesario revisar la singularidad en cada caso teniendo en cuenta los recursos y repertorios de cada niño y la disponibilidad psíquica de la familia.

Recuerdo un niño de 3 años con diagnóstico de espina bífida mielo meningocele que antes de la cuarentena realizaba tratamiento psicoanalítico en modalidad presencial en sesiones con los padres y que a partir de la modalidad online los padres se mostraron muy preocupados porque manifestaron que su hijo "no se iba a poder conectar en pantalla". En esta situación clínica fue necesario rescatar la voz del psicoanalista antes de ir a la pantalla. Realicé pequeñas grabaciones de saludos al niño en los celulares de los padres con el objetivo de recuperar el vínculo transferencial con el niño de la etapa presencial.

Rescatar la voz nos remite a las conceptualizaciones de Didier Anzieu (1974) que plantea la envoltura de la voz que acompaña, que abraza y que envuelve. Era muy interesante advertir cómo el paciente respondía con gritos guturales en los audios del celular (no tiene lenguaje, solo expresiones y sonidos guturales) e iba reconociendo la voz del vínculo terapéutico y esta estrategia ayudó a reencontrarnos en pantalla.

Fue un proceso también el ingreso a la pantalla y en un principio les propuse a los padres que se acomodaran en una colchoneta con juguetes ya que el objetivo era ver todo el cuerpo del paciente, un cuerpo que en esta historia fue muy tempranamente intervenido con intervenciones quirúrgicas y sondeos urinarios en lo cotidiano. En el trabajo online tenemos que estar muy atentos al cuerpo del niño ya que muchas veces no aparecen los cuerpos en la pantalla y mucho más en la clínica de la discapacidad ya que hay un fuerte lenguaje corporal y pre corporal como expresión de un organismo de lógicas muy primitivas.

Por supuesto que en mi rol de psicoanalista también estaba en el piso en una colchoneta con juguetes que habíamos construido en sesiones con el paciente y resultó muy impactante ver la sonrisa y la alegría que expresó el paciente al reencontrarse con los juguetes y también conmigo. Desde ese reencuentro comenzó a fortalecerse la transferencia y se inició el abordaje por pantalla que en un principio fue en la modalidad de micro sesiones entre 15 y 20 minutos y más adelante pudimos implementar la sesión de tiempo completo, respetando las necesidad del paciente y evitando la fatiga familiar.

Con un adolescente con distrofia muscular fue necesario implementar una estrategia para que su privacidad -que se había logrado en sesiones presenciales- pudiera verse reflejada en el trabajo online ya que por su patología física el adolescente necesitaba de la asistencia materna para conectarse en forma online y fue necesario trabajar con la madre la entrada y salida de esa escena para rescatar el encuentro privado con el analista . En esta situación también fue necesario solicitar ver todo el cuerpo del paciente y fue muy significativo el primer comentario del adolescente: "Por fin no veo cuerpos tachados". Es interesante la respuesta simbólica del adolescente que en su historia logró una compensación a través de los canales sensoriales frente a sus déficits físicos invalidantes.

Consultorio Patio Sanitario

Al cumplirse el año de pandemia y el trabajo en pantalla fui observando en algunos adolescentes con retraso mental y rasgos psicóticos un significativo cansancio y fatiga en el abordaje online y reacciones impulsivas en su grupo familiar como golpear vidrios. En estas casos clínicos es necesario, es fundamental no categorizar al paciente desde la psicopatología, evitar etiquetas diagnósticas y hacer una mirada sobre estas expresiones de la impulsividad como sufrimiento psíquico de los adolescentes

Fue necesario implementar un abordaje híbrido entre lo presencial y lo online. En mi consultorio tengo al fondo un patio al aire libre (que nunca había utilizado) e hice pintar con colores muy vivaces donde instalé un espacio de atención con pocos muebles ´para aquellos pacientes y familias que lo necesitaran.

El encuentro fue obviamente con barbijo, máscara y guantes en toda la sesión y con la distancia física obligatoria y necesaria. Los pacientes respondieron muy bien y con mucha emoción en el reencuentro, con frases como "Jorge yo pensaba que no te veía más", "¿mi escuela dónde está?", "y mis amigos no los veo ". En este escenario fue necesario volver a trabajar con el paciente el extrañar y su duelo y también abordar imágenes concretas (fotos de la escuela y de sus amigos del colegio) para poder procesar sus dolores mudos y acallados.

El abordaje híbrido implica revisar la plasticidad y flexibilidad del analista y la capacidad de adaptación y acomodación frente a las sesiones presenciales y online con el mismo paciente y su contexto familiar.

Además el sentir del analista es clave en tiempos de pandemia ya que es necesario diferenciar los riesgos de la contra-identificación con el paciente en términos del contagio afectivo (superposición e indiscriminación de afectos por transitar el mismo trauma del encierro tanto el analista con el paciente) y la empatía necesaria para poder acompañar y ayudar en una realidad al decir de David Maldavsky (1983) "en que podemos identificarnos con una realidad decepcionante". Lo importante es poder rescatarnos de una realidad frustrante y construir artesanalmente metas clínicas para evitar el sufrimiento psíquico del paciente y su grupo familiar en pandemia y pos-pandemia

Bibliografía

Anzieu, D. (1974). *Yo-piel*. Madrid, España: Biblioteca Nueva.

Cantis, Jorge G. (2020). *Discapacidad: Reflexiones Psicoanalíticas e intervenciones posibles. Familia-Subjetividad-Terapeutas*. Buenos Aires, Argentina: Ricardo Vergara

Cantis, Jorge G. (2020) "Transferencias y vínculos terapéuticos de niños y adolescentes con patologías graves en pantalla " en *De Vínculos , Subjetividades y Malestares Contemporáneos* . Editorial: Entreideas   Buenos Aires Argentina

Cantis Jorge (2021) " Reflexiones en el campo de la discapacidad en tiempos de pandemia " *Revista Digital Paradigmas en Clave Inclusiva. Escenarios Inciertos* Adeei Crees

Freud, Sigmund (1926) "Inhibición, Síntomas y Angustia". *Obras Completas:* Sigmund Freud (Vol XX). Buenos Aires, Argentina: Amorrortu.

Freud, Sigmund (1933) "Nuevas Conferencias de Introducción al Psicoanálisis". *Obras Completas:* Sigmund Freud (Vol XXII). Buenos Aires, Argentina: Amorrortu.

Maldavsky, David (1983). Metapsicología de la Neurosis Traumática. *Revista de Psicoanálisis*. Tomo L (1). Buenos. Aires.

Lic. Jorge G. Cantis

Psicólogo psicoanalista
Coordinador del Área de Discapacidad ASAPPIA (Asociación Argentina de Psiquiatría y Psicología de Infancia y Adolescencia).
Director de la Formación Posgrado Discapacidad "Entramados, Singulares, Familiares y Sociales "ASAPPIA
Autor del libro: "Discapacidad: Reflexiones Psicoanalíticas e Intervenciones Posibles. Familias-Subjetividad-Terapeutas". Marzo 2020 Ed: Ricardo Vergara.
Coautor del   libro de "Vínculos, Subjetividades y Malestares Contemporáneos". Compiladora Ilena Fischer Ed: EntreIdeas   Octubre 2020.
Director de la Carrera de la Especialización: "Discapacidad: Campos de Intervención: Subjetividad e Interdisciplina" en el Colegio de Psicólogos de Mar del Plata.
Director de la Carrera de Especialización: "Discapacidad: Perspectivas Subjetivas e Intersubjetivas" en el Colegio de Psicólogos de Bahía Blanca.
Profesor Titular de Psicología III en la Licenciatura de Fonoaudiología (Facultad de Medicina – Universidad de Buenos Aires).
Profesor Titular en la Carrera de Especialización en Psicología Clínica de la Discapacidad (Facultad de Psicología. Universidad de Buenos Aires).
Profesor Titular de "Abordaje Psicosocial de las Discapacidades" en la Maestría en Problemas y Patologías del Desvalimiento. UCES (Universidad de Ciencias Empresariales y Sociales).
Supervisor Institucional en Centros Educativos Terapéuticos e Instituciones de Educación Especial.
E-mail: cantisj@gmail.com

Las "mutaciones cualitativas" del presente
Del diván a lo virtual

Hilda Catz

"Hemos trocado el rumbo desde el paradigma iluminista de apuntar a una causa prínceps y a un determinismo lineal para desembarcar en los paradigmas complejos, mul¬ticausales, con zonas de incertidumbre y el real inaccesible que toma lugar en el ombligo del sueño"
Marcelo Viñar (2020)

Introducción

Uno de los principales resultados del coronavirus debería ser el de acelerar ciertas **mutaciones** ya presentes en la sociedad desde hace algunos años. En lo que hace a nuestra tarea profesional, ya veníamos atendiendo por teléfono e incluso por video-llamadas a pacientes que consultaban desde el exterior, o de una forma mixta, hacían sesiones presenciales y cuando viajaban continuaban el contacto por los medios on-line. Pero de alguna manera todos nos tuvimos que poner en modo aprendiz impulsados por la necesidad de aprovechar las herramientas digitales y revisar algunas lógicas de trabajo previo recuperando el sentido y la motivación que requiere el trabajo a distancia. En el último año se multiplicaron la cantidad de aplicaciones y se produjo una explosión de dinámicas de trabajo en equipo que antes no se utilizaban y que se constituyeron en un incentivo que favorece el intercambio e interacción entre profesionales de distintos países como nunca se dio anteriormente.

Al mismo tiempo, la emergencia de la Pandemia puso

en evidencia la urgencia de universalizar el acceso al mundo digital, e incluso actualmente se habla del acceso a internet como un nuevo derecho humano que es preciso defender, por lo que garantizar la conectividad es innegociable para evitar la globalización de la segregación. Como dice Attali, J. (2021):*"Para no hacer sufrir hoy de la Pandemia a los niños de 10 años, de la dictadura a los 20 y del desastre climático a los 30, es necesario pasar lo antes posible de una economía de la supervivencia a una economía de la vida"* pp. 28.

Desde esta perspectiva se nos impone desarrollar plataformas de creatividad que requerirán de nuevas coreografías para reconvertir lo que denomino **el diván en un diván virtual**, como un espacio simbólico para recuperar aquello que añoramos y combinarlo con todo lo que incorporamos en este año de experimentos colectivos.

Puede decirse que nos encontramos ante una crisis en los modos de ser psicoanalistas, aunque no se trata de entrar en crisis con el psicoanálisis en sí mismo, pues considero que si queremos evitar que el psicoanálisis *"se congele en un dogma"* como decía Pontalis, J. (1977), es preciso volver a inventarlo siempre, como un trabajo inacabado habitado por escenas que buscan ser representadas, entre el pulular de los fantasmas y el eco recortado de los sueños.

Desarrollo

Más que nunca, incluir lo social en su interacción con el conflicto psíqui¬co se ha vuelto un desafío ineludible para el psicoanálisis del Siglo XXI por la implicancia que siempre tuvo y tiene, sobre todo en estos momentos y su alcance insospechado ante esta especie de "Tsunami" viral.

No es lo mismo pensar o interpretar la humanidad de un sujeto, centrándolo exclusivamente en el fuero interior de sus pulsiones e identificaciones, que pensarlo inmerso en sus vínculos y acontecimientos, internos y externos que lo determinan.

De este modo, y partiendo de aceptar una realidad distópica que nos atañe a todos, la idea es trabajar en conjunto creando espacios para lo posible, y aceptar con humildad que todas son conjeturas con las que intentamos no dejarnos "colonizar" psíquicamente por el virus y sus impredecibles consecuencias a corto y a largo alcance, con la finalidad de conservar la salud mental tanto de los pacientes como de los analistas.

Como re-creamos el diván mediante la virtualidad

Entonces, tendríamos que pensar que ese diván se puede recrear, hacerlo presente a través del vínculo virtual, quizás no en todos los casos ni con todos los pacientes. En el caso de los niños, que se puede extender a los adolescentes y adultos, es como si le dijéramos:

"¿Vamos a jugar en esa casita?" Y el niño nos respondiera:

- "Pero si no hay ninguna casa ahí" y nosotros le dijéramos:

- "Entonces vamos a construirla".

Se trata de la creación y construcción de un espacio potencial de encuentro donde, también en el caso de los niños, adolescentes y adultos, la palabra diván remeda por sus significados originales, no solo a un asiento alargado en el que una persona puede tenderse. Sino también, acorde a su etimología, a una colección de poesías de uno o de varios autores, en alguna de las lenguas orientales, especialmente en árabe, persa o turco. Y entre los turcos, refiere al supremo consejo que determinaba los negocios de Estado y de Justicia y también incluía esa palabra a la sala en que se reunía este consejo. Incluso en persa, la palabra "loco" y la palabra "diván" se parecen, y puede pensarse en relación con la palabra div que designa a un "ente sobrenatural, demonio"

Considero que ese diván y lo que simboliza, que va mucho más allá del objeto-mueble, se recrea y se vuelve a instalar en cada sesión, como un juego que implica ponerse en juego permanentemente, donde incluso en lo presencial es necesario encontrarlo, restaurarlo y transformarlo en cada sesión.

Teniendo en cuenta la etimología a la que hacía referencia más arriba, lo pienso particularmente como la administración y sostenimiento de un espacio de narrativas, de intercambios, donde se hace presente la palabra pero también la elocuencia del silencio que convoque a los demonios, que albergue la locura, sin olvidar la poesía, que como dice Pontalis, J. (2007), *"es una ciencia exacta"*.

Como se ve, no se trata de algo que estuviese ya establecido, puesto que vivimos en un mundo donde la variación es lo que permanece, sino que es un trabajo de creación y de co-creación constante, especialmente en estos momentos donde "el juego amable de la vida pierde su carácter de juego" como dice Levinas en su libro La Evasión (1982). Son momentos, entonces, en que no podemos evadirnos ante el incremento de las patologías que atañen a la salud mental y sus imprevisibles consecuencias: enfermedades psicosomáticas, anorexia, bulimia, adicciones, sobre-excitación incestuosa en los adolescentes y sus trágicas derivaciones en conductas de abuso sexual, violaciones, feminicidios, suicidios y violencia intrafamiliar exacerbada.

Ahora el otro es temido, se ha vuelto peligroso, se nos constriñe a tomar distancia de todo aquello que considerábamos propio de lo humano: los afectos, el amor, la amistad, la pareja, los hijos, la familia, asistir a los enfermos, acompañar en los duelos. Aparecen las personas fallecidas como estadísticas, huéspedes de un virus incontrolable, muertes que se producen en soledad, y nos preguntamos cómo puede eso llevarse a cabo sin que la subjetividad resulte perjudicada, dañada, sin el "oxigeno" que proveen los vínculos, denostados por la necesidad de aislamiento social.

Lo azaroso, lo imponderable, lo accidental, así como la contingencia, la vulnerabilidad, y la incertidumbre se hacen presentes cada día, y en ese pasaje del diván a lo virtual, se manifiesta el miedo a la muerte y también el miedo a la muerte inminente del analista.

Esto último, por ejemplo, apareció en el silencio súbito de un paciente en sus primeras sesiones virtuales. Pude observar que junto con el alivio de la posibilidad vinculante que emergía en sus derivas asociativas, una súbita sombra de pesar en su mirada me llevó a señalarle su preocupación por mi muerte, por saber mi edad, qué riesgo podría correr. Ante este señalamiento, reconoció con cierto pudor que lo había estado pensando. Y no fue el único paciente que así lo manifestó.

Y agregaría que esta preocupación se presenta muchas otras veces de manera velada y bajo diversos disfraces, de múltiples y variadas formas, con preguntas que los pacientes formulan al comienzo de la sesión, algo que no hacían con anterioridad a la pandemia. Así dicen: "¿Cómo estás? ¿Ya te pudiste vacunar? O si no, ¿Se encuentra bien? ¿Se resfrió? Me pareció que tosía...", y otro tipo de alusiones referidas a la salud.

Puede decirse que estas temáticas, a pesar de que no se desconocían, no tenían, sin embargo, esa "presencialidad", que convoca a lo siniestro y a la incorporación de un vértice de lo mortífero que atenaza de angustia a paciente y analista y que, por tanto, se hace necesario incorporar a la cotidianeidad en nuestra tarea durante la Pandemia.

Sin olvidar que todo conflicto o trauma presente va a venir a reactivar siempre los traumas del pasado, a lo que se suma que algunas subjetividades ya acarreaban lo que puede denominarse "enfermedades pre-existentes", porque ciertas estructuras y formas de vincularse no siempre generaron afectos enriquecedores y ya estaban muy debilitados los vínculos previamente en todas sus manifestaciones.

Tal es el caso de las anorexias, los cortes en la piel, las retracciones y aislamientos, patologías que debido al encierro se incrementan movilizando la necesidad del tratamiento y la urgencia de atender no sólo al paciente designado, sino de convocar a todo el grupo familiar, más que nunca implicado, para tratar de contener esos desbordes que reclaman ser narrados, escuchados y tratados.

Por ejemplo, si nos referimos a la intervención psicoanalítica temprana, cualquiera sea la forma en que se realice, podemos comprobar claramente su gran valor preventivo en los casos de patologías en las interacciones, que de lo contrario llevan a corto plazo, a la medicalización y a la patologización de la infancia

Presentaré aquí el caso clínico de un bebé de dos meses que no se alimentaba y por quien consultan sus padres; la madre presentaba el antecedente de anorexia previa y no podía amamantar a su bebé. En la primera consulta, realizada mediante contacto virtual, están la madre y el bebé en el dormitorio de los padres mientras el padre trabaja en otro ambiente de la casa. Pese al calor del mes de marzo, el bebé está vestido con un enterito muy abrigado, como para ir a la nieve, y se desliza peligrosamente por el regazo de la madre, quien se mantiene impasible. Podría considerarse como la puesta en escena de una interacción madre-bebé fallida donde el bebé se le resbala de los brazos a su mamá sin poder ser albergado y contenido.

La posibilidad de vivenciar esta experiencia y poder ponerle palabras al "terror sin nombre", no solo del bebé, sino también de la madre, mediante la presencia virtual del analista a través de la pantalla, habilitó que emergieran los "gélidos" temores de la madre a no poder volver a su país de origen donde efectivamente hacía mucho frío y ella solía esquiar.

Surgió así la angustia y el miedo de no encontrarse nunca más con su familia de origen, de que sus padres y abuelos se mueran sin poder despedirlos, angustia que la mujer no podía pensar y mucho menos verbalizar y que interfería seriamente en el establecimiento del vínculo temprano con su bebé. La pantalla actuó como una especie de espejo donde reflejarse a lo que se sumó positivamente el hecho de que estábamos, de modo virtual, en un ámbito familiar compartido, que hacía las veces de esas presencias familiares, pérdidas "sin digerir" emocionalmente, que no habían logrado ser transformadas en ausencias a través del lenguaje.

Las sesiones on-line permitieron así ir atravesando fronteras, paradójicamente hablando, al intentar instaurar una *"Rêverie"* pasible de transformaciones en experiencias emocionales compartidas. La paciente, según pudo vislumbrarse, compartía también con su pareja dolores similares, que habían sido enmudecidos por la migración, donde la soledad y la falta de contención afectiva los embargaba e interfería, como consecuencia, en el establecimiento de la díada y también de la triada.

Sin desconocer la importancia de observar con atención la dificultad que aparece para que se despliegue la Rêverie materna en los nacimientos de bebes bajo el peligro del contagio, que son separados prematuramente del contacto con la madre. Como la estructuración psíquica en su delicado equilibrio inicial puede quedar dañada si no se toman los recaudos necesarios para prevenir dentro de lo posible sus consecuencias y lo esencial de la asistencia terapéutica a tiempo para evitar consecuencias futuras.

Una pareja de padres me decían extrañados que su bebe que había nacido en esas circunstancias, separado de la madre al nacer, no respondía como sus hermanos a los estímulos, que dormía demasiado, que estaban muy preocupados. Eso los trajo a la consulta y hubo que realizar un trabajo de "reanimación" del vínculo interferido que debido a la colaboración del grupo familiar tuvo resultados favorables, sobretodo porque habían tenido experiencias comparativamente diferentes. Pero no podemos dejar de preguntarnos cuando se trata del primer bebe, lo imprescindible que es el trabajo con la diada y la triada desde los inicios por su valor preventivo de futuros trastornos que luego son la mayoría de las veces inabordables en relación al establecimiento de vínculos que van estructurando el psiquismo y constituyendo la subjetividad.

Algunas reflexiones

Pienso que podemos vincular lo anteriormente expuesto con la concepción que ofrece Bion de la mente, como si fuera un aparato digestivo, para usar las palabras de Green (2002) respecto al autor mencionado. Es decir, tendría que ver con las modalidades de "la digestión", en el sentido y la dimensión de la digestión de un nuevo encuadre que emerge como resultado de este tipo de "conexión" y que da paso a una interacción posible aunque no siempre probable, a través de la pantalla.

Se trata de una propuesta que en primera instancia parecía imposible, pero que a través del aprendizaje de la experiencia abrió camino a lo posible, donde empezaron a incluirse variables diversas. Por ejemplo el tiempo de duración de la sesión, según se trate de niños, adolescentes o adultos, la posibilidad de la presencia de los padres, la inminencia de la enfermedad y la muerte presentes como preocupación cotidiana, como si paulatinamente la sesión analítica se abriera a un universo de acceso a posibilidades inesperadas, distintas pero no por eso menos valiosas.

Los bebés suelen estar más estimulados por la presencia de sus padres y se muestran más activos y conectados acorde a las circunstancias. Los niños suelen jugar con el celular como si fuera *"el juego del carretel"* Freud (1920), y lo esconden haciendo desaparecer al analista, y lo vuelven a hacer aparecer. En algunos casos los niños nos hacen escuchar en directo las discusiones de sus padres y traslucen la angustia que les provoca. También suele gustarles mostrar el lugar donde se encuentran, recorrer su casa, y hasta aparecen los objetos transicionales en algún costado olvidado del lugar donde duermen.

El abordaje terapéutico usando el juego del garabato de Winnicott (1980) en la pantalla y la posibilidad de guardarlo en carpetas virtuales mediante distintas aplicaciones, facilita el encuentro tanto con niños, como con púberes y adolescentes. Los adolescentes, por otra parte, se parapetan en el celular y nos muestran su necesidad inminente de tomar distancia de aquellos de quienes tienen que separarse, y que la cuarentena imposibilita, y la desesperación que les acarrea el no poder estar con sus pares entrando muchas veces en mutismos infranqueables en los que se resguardan. Puede decirse que hay que considerar que son normales las respuestas inesperadas y/o sintomáticas en épocas anormales porque los síntomas son un llamado, una forma de pedir ayuda.

Además se agrega a nuestra tarea lo "enorme", lo que está fuera de norma, que es el esfuerzo psíquico que implica trabajar con la pantalla en tanto cualquier desviación de la mirada del terapeuta puede ser vivida como un abandono imposible de soportar. Por ejemplo, cualquier mirada no centrada en el paciente que apunta a un estado de ensoñación, de disposición al encuentro factible en lo presencial, en lo virtual se hace muy difícil porque puede ser considerada como una distracción.

Tampoco debemos dejar de considerar el cansancio que implica esa exigencia y que se registra al final de la jornada de trabajo. Exigencia a la que se le suma la necesidad de desplegar la captación de todo aquello que no tiene presencia, de las evidencias sensoriales que están ausentes, por lo que nos encontramos con un trabajo de creación y de innovación constante.

Por todo lo expuesto, podemos observar que el vínculo virtual se va constantemente transformando, incorporando modelos descartables, pasibles de estar en constante cambio, convirtiendo nuestra mente en circunstancial escenario de ese procesamiento. Espacio interactivo de la sesión donde las palabras, y también los silencios son necesarios, y empiezan a construir como paredes virtuales elásticas y provisorias que albergan podría decirse, que arman ese **diván virtual** como un continente posible. Arduo pasaje desde la intimidación inicial que vivenciamos tanto los analistas como los pacientes, ante lo inesperado de los cambios que estamos viviendo, a la posibilidad de creación de intimidad en esas nuevas formas de interacción.

Como siempre Freud (1892) de alguna manera ya había experimentado estas otras formas de interacción cuando fue llamado para asistir en su domicilio a una paciente puérpera que no podía amamantar a su bebé. Era la época en que Freud usaba la hipnosis, y pudo así mantener intercambios con el marido de la paciente y con el grupo familiar. Concurría varias veces al día a visitarlos hasta que desistió de usar la hipnosis y comenzó a hacer preguntas, y sobre todo a escuchar a la paciente: obtuvo resultados sorprendentes. Puede decirse que fue uno de los primeros casos en que comenzó a trabajar con la asociación libre, habilitando a la paciente a que le empezara a transmitir lo que le pasaba en la relación conflictiva con su madre, a narrar su historia familiar, a asociar y también, por supuesto, a que pudiese empezar a amamantar a su bebé.

Podría decirse que además del valor de la asociación libre, también inaugura el análisis de pareja y de grupo familiar, el de binomio madre-bebé y un particular seguimiento esporádico del caso a través del tiempo sin las connotaciones de un análisis clásico. Así, podemos constatar que todos estos abordajes que ya existían en nuestra contemporaneidad adquieren, con el establecimiento del diván virtual, particular preponderancia y actualidad.

Transformaciones e Invariancias

Podemos constatar de que muchos son los inconvenientes que interfieren para que un hecho nuevo, como el pasaje de la atención presencial a la virtual, se acerque a una mente para ser pensado, como lo que estamos viviendo con la Pandemia. La mente de por sí tiene una tendencia a resistirse a incorporar hechos nuevos y no facilita el lugar para que el hecho nuevo pueda tener la posibilidad de emerger. No obstante, Sor y Senet de Gazzano (1988) han subrayado que, si se logra, de esa forma comienza una **transformación** y hacia ello apuntan para pensar un psicoanálisis del futuro. Así, invitan a que cada generación de analistas tome las teorías como puentes y no como estaciones terminales, o sea teorías que permanezcan en constante transformación para acceder a su vez a nuevos territorios de descubrimiento y también de oscuridad. Conceptualizan este proceso, basándose en Bion (1970), como Cambio Catastrófico en contraposición a Catástrofe. Destacan así las necesarias e inevitables turbulencias que se producen con el cambio catastrófico, un cambio en el sentido de la evolución, que lleva a transformaciones e invariancias de distintos vértices: emocionales, afectivos, sociales, económicos, entre otros, teniendo en cuenta que cada recuerdo y cada deseo liga una experiencia emocional y siempre conlleva latente la posibilidad de crisis inminente.

Frente a esta experiencia no permanecemos pasivos, sino que trabajamos intensamente ya que la propuesta sería aceptar el pasaje a lo virtual para re-vincularnos, pero sabiendo que no se puede reemplazar lo que se pierde; es un duelo a elaborar que nos demanda poder sobreponernos a la banalización de la hiper-conexión para poder aprender de la experiencia por más difícil que sea. Se trata, entonces, de poder aceptar con humildad nuestra vulnerabilidad y de esa forma poder transmitirla a los que nos consultan, poder tolerar la duda como una forma de salud mental frente a un horizonte de incertidumbre.

Algunas conclusiones

Freud tuvo en cuenta la sociedad en que vivía y lo obvio, el sentido común, cuando respondió al llamado del padre de un bebé, y concurrió a asistir varias veces por día a esa madre puérpera que no podía amamantar. Sabemos que según las posibilidades económicas y las costumbres de cada grupo o clase social, se contará con recursos y espacios diferentes para poder afrontar la asistencia de los pacientes en la Pandemia que estamos atravesando. Como en un barco en la tormenta, tenemos que sostener el "timón" y transmitir la importancia de mirar el horizonte como un punto de **invariancia** que sostiene nuestra tarea en medio de tanta turbulencia y subversión de valores que estaban establecidos y a los que estábamos acostumbrados. Esa **invariancia** en este caso sería la mirada psicoanalítica y la capacidad de tolerar la incertidumbre, el misterio y la duda como señalaba Bion (1962) cuando hablaba de la *"capacidad negativa"*.

A partir de esa contigüidad imposible entre los cuerpos confinados, este virus que desbarata toda identidad y toda especie nos remite al espacio de la excepción, de la falta de certezas. Parafraseando a Hess, H.(1927) cuando nos dice: *"La vida humana se reduce al verdadero padecimiento al infierno,… sólo cuando se superponen dos eras,…Hay épocas en que una generación integra queda así atrapada entre dos eras…dos formas de vida…"*

podemos decir que esta apocalíptica Pandemia del *Covid 19* nos enfrenta en ese cruce entre dos eras, a las pulsiones más primitivas que impone el aislamiento, al darwinismo de una crisis sanitaria del siglo XXI y a sus consecuencias como trauma individual, social y colectivo.

Nos compele a tender redes interactivas hechas de imágenes, de palabras, de gestos y miradas, nuevas formas de vincularse en una trama que genere presencia psíquica por sobre requerimientos que de por sí van a encontrarse en permanente cambio.

Al reflexionar acerca de ese pasaje del **diván a lo virtual**, a través de todo lo expuesto, traté de señalar particularmente que hay un punto de inflexión que se constituye en una acuciante demanda y sería la de que ese **"diván"** se re-cree y se co-cree en la mirada psicoanalítica, y se extienda en el encuadre interno de la mente del analista.

Lo subrayo en relación al concepto de cambio catastrófico, como una **invariancia** en la que nos apoyamos como psicoanalistas, como una forma de sostener y sostenernos frente a las "**mutaciones cualitativas"** (Motta, R.D., 2020) del presente que se extienden al trabajo del consultorio con todas sus innovaciones y en sus diferentes ámbitos para tratar de recuperar el registro subjetivo que cada uno tiene de lo humano, de lo que todavía consideramos humanidad. *Humano no como resultado de un juicio de valor y atribución, sino precediéndolo, como necesidad y soporte de la palabra necesaria para explorar lo desconocido* como dice Viñar(2020).

"...el enorme poder de la tecno-ciencia no suprime la debilidad humana ante el dolor y la muerte; ...jamás podremos librarnos de las bacterias y los virus que mutan sin cesar para hacerse resistentes a remedios, antibióticos, antivirales y vacunas. Somos jugadores/ jugados, poseedores/poseídos, poderosos/débiles"

Edgard Morin, (2021)

Bibliografía

Attali, J. (2021) *"La economía de la vida"* Edic. Dell Zorzal, Buenos Aires.

Brzezinski, Z. (1979) *La era tecnotrónica,* Buenos Aires, Paidos.

Bion, W. (1977). *Volviendo a pensar,* Buenos Aires, Hormé, Paidós.

Bion, W. (1977) *La tabla y la Cesura,* Barcelona, Gedisa.

Bion, W (1962). *Aprendiendo de la experiencia,* Barcelona, Paidós, 1980.

Bion, W (1963). *Elementos de Psicoanálisis,* Buenos Aires, Paidós, 1988.

Bion, W (1970). *Attention and Interpretation.* London, Karnak Books

Catz, H. y colaboradores (2020) *Psicoanálisis de Niños y Adolescentes, Trabajando en cuarentena en tiempos de Pandemia,* Ricardo Vergara Ediciones.

Catz, H. (2020). *Environmental crisis and pandemic. A challenge for psychoanalysis. Frenis zero press.* Collection Borders of Psychoanalysis Lombardia.

Catz, H. y colaboradores (2020). *La Pandemia y después...una mirada psicoanalítica,* Buenos Aires, Vergara.

Catz, H y colaboradores (2020). *Trabajando en cuarentena y en la post-cuarentena en épocas de la Pandemia. Transformaciones e invariancias,* Buenos Aires, Vergara.

Catz, H y colaboradores (2020). *Psicoanálisis de Niños y Adolescentes, trabajando en cuarentena en tiempos de la Pandemia,* Buenos Aires, Ricardo Vergara.

Catz, H.(2019) *Tatuajes como marcas simbolizantes,la relevancia clínica de los tatuajes para el procesos Psicoanalítico,* Buenos Aires, Ricardo Vergara.

Catz,H. (2017). Tattoos as "Symbolizing Marks" Fashion, body rite, fetish, or also pure unqualified quantity referring to the terrain of trauma? In Psychoanalysis in Fashion, Weinreb Katz and Kramer Richards, editors, IPBOOKS.net Chapter III

Catz, H.(2016). Fanatismo, en Bion, Lacan e Lê Instituzione La psicoanalisi", 59, Roma, Astrolabio, cap. 7.

Catz, H.(1991)From myths to possible change through catastrophic change. En *IPSO Year Book* 91. International Psychoanalytical Studies Organization.

Catz, H. (1986) colaboradora en *"La universalidad del Filicidio"- Rascovsky y colaboradores- Observaciones sobre el Déficit parental en los niños autistas,* editorial Horme.

Freud, S. (1888-92). Trabajos sobre hipnosis y sugestión, en *Obras Completas,* I, Buenos Aires, Amorrortu Ediciones.

Freud, S. (1920) *"Más allá del Principio del Placer" El juego del carretel en Obras Completas* , Buenos Aires, Amorrortu Ediciones.

Gibson, W.(1984), *"Neuromancer"*, encuadernación libro de bolsillo en inglés.

Green, A. (1986) *Narcisismo de vida, narcisismo de muerte.* Ed.Amorrortu. Buenos Aires.

Halperin, Celso (2013) Jean-*Bertrand Pontalis: un poeta del psicoanálisis.* Rev. bras. psicanál [online]. 2013, vol.47, n.3, pp. 51-60. ISSN 0486-641X

Hesse, H.(1927) *"El lobo estepario"*, Editorial Edhasa, Buenos Aires

Levinas, E.(1982) *"De la Evasion"* Traduccion Isidro Herrera, Arenas Libros Introd. y Notas de Jacques Rolland.

Morin, E. (1993) *Tierra Patria,* Editorial Nueva Visión, Buenos Aires.

Morin, E.(2021) *"Cambiemos de Vía" lecciones de la Pandemia,* Editorial Paidos,

Motta, R.D. (2020) *Revista Complejidad* nro. 36, 2020/ ISSN 1853-8118, Catedra Itinerante UNESCO "Edgar Morín" CIUEM

Pontalis, J.B.(2007) "Al margen de los días", Editorial Topia, Buenos Aires

Pontalis, J. (1978). *Entre el sueño y el dolor.* Buenos Aires: Sudamericana. (Trabajo original 1977).

Sor, D. Gazzano, M.R. Senet (1988). *Cambio catastrófico. Psicoanálisis del Darse Cuenta,* Buenos Aires, Kargieman.

Sor, D.(2007) Comunicación personal.

Viñar, M.(2020) Prologo Serie de libros sobre la Pandemia de Hilda Catz y colaboradores

Winnicott, D.W.(1980) *"Clínica psicoanalítica infantil"*, Ediciones Horme, Bs. As.

Hilda Catz

Doctora en Psicología Ph.D, Usal-APA
Lic. Psicología de la Universidad de Buenos Aires.
Miembro titular en función didáctica de la Asociación Psicoanalítica Argentina, de la Federación Psicoanalítica de América Latina (Fepal) y de la Asociación Psicoanalítica Internacional (I.P.A.)
Ex-Coordinadora del Departamento de Niños y Adolescentes de la Asociación Psicoanalítica Argentina "Arminda Aberastury"
Guionista y Co-Directora del cortometraje premiado: "Mi película Candela" mutismo selectivo en una niña de 4 años.
Guionista del cortometraje premiado : *Mi película Candela" mutismo selectivo en una niña de 4 años* traducido a varios idiomas.
Consecuencias de la Dictadura Militar (Youtube)
Co-Guionista del cortometraje "Crímenes perfectos", Dir. Juan Lanzillotta. Consecuencias de la Dictadura Militar en el psiquismo individual y colectivo.
Coordinadora de Espacios de investigación, Profesora titular invitada de varias Universidades y de Seminarios de la Asociación psicoanalítica Argentina
Libros:
Catz, H. (2020) Environmental crisis and pandemic. a challenge for psychoanalysis. Frenis Zero Press.
Catz, H. (2020) "Adulticidio" en "Crisis de la Parentalidad". Comp.: Tewel,C., Ricardo Vergara Edic. Bs.Aires.
Catz, H. (2020) "Estupidez y desmentida en los tiempos de la Peste" en "Efectos delCOVID-19 en la Salud Mental, Ricardo Vergara Ediciones, Bs. Aires.
Catz, H. (2020) Prólogo de PSICOANÁLISIS ONLINE, Comp .Monica Cruppi, Ricardo Vergara Edic., Bs.Aires.
Catz, H. y colaboradores,(2020) TOMO 4 "La pandemia y después... una mirada psicoanalítica" Ricardo Vergara Edic., Bs.Aires.
Catz, H. y colaboradores,(2020) TOMO 3 "Las redes de los humano, lo humano de las redes" Trabajando en cuarentena y en la Post-Cuarentena" Ricardo Vergara Edic., Bs.Aires.
Catz, H. y colaboradores,
(2020)TOMO 2 "Trabajando en cuarentena y en la post-cuarentena en épocas de la Pandemia. Transformaciones e invariancias". Ricardo Vergara editorial, Bs.Aires.
Catz, H.y colaboradores,(2020)TOMO 1 "Psicoanálisis de Niños y Adolescentes, trabajando en cuarentena en tiempos de la Pandemia" Ricardo Vergara edic., Bs. Aires.
Catz, H.(2019) "Tatuajes como Marcas Simbolizantes, la relevancia clínica de los tatuajes para el procesos Psicoanalitico", Ricardo Vergara Edic., Bs.Aires.

*Algunas Publicaciones en capítulos de libros y Revistas de Psicoaná-
lisis:*

(2019) Psicoanálisis en el caos, fronteras complejas y horizontes
inciertos,p.12 Docta Revista de Psicoanálisis, año 16 Publicación
de la Sociedad Psicoanalítica de Córdoba.
 (2017) Tattoos as "Symbolizing Marks" Fashion, body rite, fetish,
or also pure unqualified quantity referring to the terrain of trauma? Book: Psychoanalysis in Fashion, editors: Weinreb Katz and
Kramer Richards, IPBOOKS.net Chapter III.
 (2016) "Fanatismo", Bion, Lacan e Lê Instituzione La psicoanalisi,
59, Roma, Astrolabio, Italia.
 (2015) "Somos de la misma materia que los sueños" Revista de
Psicoanálisis. Asociación Psicoanalítica Argentina, LXXII, nro.2/3,
Bs.As. (Primer Premio 2015, Bariguete-Yuye Castellon).
 (2002) Simon en quête de son histoire" chapitre 22 La Parentalité.
Défi pour le troisième millénaire. Quatrième partie, Les formes par-
ticulières de la parentalité à l'aube du III° millénaire Presse Univer-
sitaires de France. Hommage international à Lebovici. Paris.

E-mail: hildacatz@icloud.com

Redes peligrosas.
El odio en modo goce

Mónica Cruppi

Heráclito y Parménides filósofos griegos retoman los estudios de los pensadores de Mileto relacionados con el ser de la naturaleza y se plantearon la pregunta ¿cómo conocer un mundo que aparentemente no cesa de cambiar?

Heráclito estudia la realidad y su diversidad y aclara que las condiciones fundamentales de la experiencia sensible humana están relacionadas con el fluir continuo de todo lo concreto y con el cambio.

Lo divergente está relacionado con una armonía de tensiones opuestas al estilo del "arco y la lira"

Para Parménides esta dialéctica vista desde lo ontológico es necesaria para que las cosas no se corrompan; el devenir de la realidad no puede leerse sino a través de la oposición de contrarios.

Para Heráclito esta divergencia es necesaria y agrega que en este contraste natural se encuentra algo de lo placentero: la enfermedad es la que hace agradable la salud, el mal el bien, el hambre, la saciedad; el cansancio, el descanso y así sucesivamente.

La Dra. Hilda Catz en este libro arroja este interrogante *¿qué cambia en un mundo que cambia?*

En tren de reflexionar sobre los tiempos que nos toca vivir, experiencias y cambios sucesivos, devenidos a partir de las nuevas tecnologías de comunicación e información; en este escrito me referiré a una de sus expresiones relacionada con los cambios subjetivos en estos tiempos de pandemia observados a través de las redes sociales.

Estos cambios algunas veces parecen presentarse como las manifestaciones de una herencia indeseada y funcionan, tal como diría la psicología del inconsciente (Freud, 1932), como cuerpos extraños no significados ni significables, que conducen a un accionar poco elaborado.

Cambios subjetivos y Algoritmos ¿somos pensados?

Anteriormente, en la llamada por Foucault (1999) "sociedad disciplinaria", la influencia social o el moldeado del sujeto, se lograba a partir de lo institucional, es decir "del encierro" en las distintas instituciones como era la escuela. En nuestra época, se ha producido un desplazamiento, un cambio en las significaciones y hemos pasado del modelado del encierro a la influencia de la información y de lo que se ha llamado "el tráfico mundial de signos". Estos, responden al capitalismo de superproducción y sus representantes son los multimedios. La influencia deviene a partir de la masificación. Se ha modificado la experiencia directa de la realidad por la experiencia mediada de la misma; es decir, indirecta y con el sesgo que cada medio le da, partir de los algoritmos. Uno de los cambios subjetivos lo podemos observar en que el modo de hacer experiencia se ha modificado. El contacto con el mundo se reemplazó por la representación medial del mismo. Como sabemos, a partir de la virtualidad, el mundo se comprimió, producto de un cambio en la relación espacio-tiempo: todo es cercano y disponible en el aquí y ahora. Es de entender, que estas influencias no son visibles y se basan en algoritmos.

Los algoritmos son un conjunto de normas de programación que hacen que una publicación se muestre mucho o en cambio la plataforma casi no la muestre, a ningún usuario. También define las decisiones de a quién, cómo y cuándo se mostrarán esta información. Hay varios tipos de algoritmos, entre ellos los algoritmos para las redes sociales. Estos algoritmos se basan en las necesidades, gustos y deseos, del usuario a partir de los datos recogidos por la "IA" -inteligencia artificial- del dispositivo que se use.

Nos hallamos sumergidos en un sutil entramado multimedial que obra como telón de fondo. Su efecto sobre lo inconsciente, induce comportamientos, constituyéndose en una continua fábrica de pensamientos y deseos. Si bien en todas las épocas fuimos pensados ahora la virtualidad le da un tinte particular. H.Galimberti (2003) habla de un corrimiento de lo privado y su desarticulación con lo público.

Para este pensador, en la época anterior el mundo no se encontraba disponible en su totalidad, dice "cada alma se construía a sí mismo como resonancia del mundo del cual hacía su experiencia, esas resonancias constituían su interioridad". Hoy, el alma deviene coextensiva al mundo. De este modo, se va suprimiendo la diferencia entre interioridad y exterioridad, pues la masificación mediática da lugar a representaciones comunes dirigidas.

Como consecuencia, se produce una desubjetivizacion que no le permite al ser humano comprender el universo en el que vive.

Siguiendo a G.Deleuze y en la misma línea de pensamiento, entre las emociones más frecuentes que se pueden ver en este proceso, se encuentran el miedo y sus distintos gradientes dirigido hacia la inseguridad, el desempleo, el terrorismo, las condiciones climáticas, el miedo al miedo, entre otros.

Otro tema no menor y de influencia, tiene que ver con el ansia de consumo. En realidad no es hacia algo puntual sino que la satisfacción está puesta en la posesión de lo "nuevo" que masivamente da lugar a la figura del " sujeto endeudado" y en relación a los vínculos, esta ansia es uno de los factores de las llamadas "relaciones líquidas".

Se trataría, como nos dice Guatari (1994), "de captar (y suscitar) el deseo para ponerlo al servicio de la economía del beneficio, apelando sobre todo a las emociones".

Otro punto interesante para reflexionar que describe J. Baudrillard es el que pareciera que casi todo el género humano se hubiese salido de la realidad física para sumergirse con toda el alma en la realidad virtual: tanta información disponible hace que la misma se relativice. Antes, la intensidad de un acontecimiento hacía que este permaneciera en el tiempo. Hoy, la promiscuidad de las imágenes encierra al sujeto en una suerte de indiferencia.

¿Qué malestar y consecuencias subjetivas esta dimensión nos trae? Tal vez, una suerte de adormecimiento colectivo, una indiferencia emocional, donde la mayoría de los sucesos y de lo que nos sucede se normaliza y banaliza, sumado al sujeto con incertidumbre, confusión, miedo, endeudado, consumido por el consumo, aislado, líquido, alienado y la lista continúa con la erosión de eros, el deterioro de la memoria y la desidentificación.

A continuación describiré alguna de las consecuencias subjetivas que tienen estos modelados e influencias sutiles y no tan sutiles, las cuales se unen a las mociones inconscientes de cada sujeto dando lugar a distintas reacciones y a cambios subjetivos que resultan perjudiciales para los sujetos más frágiles y vulnerables.

El odio en "modo goce"

Todo avance tecnológico trae nuevas prácticas y ocupaciones laborales. La web y sus plataformas, conjuntamente con las redes sociales, son un escenario favorecido para la proliferación del sadismo en la red a partir de los denominados "heaters y trolls".

Se trata de sujetos cuya labor en las redes sociales es influir negativamente sobre personas, productos, marcas, situaciones, a través de comentarios u otros contenidos que suben a la web. A los heaters se los conoce como cínicos hostiles, pues sus comentarios se relacionan con el resentimiento y con la agresión. En cambio, los trolls –denominados así a partir de la mitología escandinava del monstruo maligno que habita en los bosques y grutas- su actividad consiste en la provocación y el enojo.

Estas actividades de criticar, ser crueles y cínicos en el caso de los heaters y de molestar y confundir en el caso de los trolls, parecen ser nuevas ocupaciones para las personas que utilizan el sarcasmo y la ironía para expresarse y dañar a otros.

Ocultos detrás del anonimato de la web, pueden ser crueles con una persona, un producto, una empresa o una situación. Con su actuar, ejercen una influencia social, sobre los contenidos sobre los que trabajan, buscando su viralización.

Ironías, sarcasmos, insultos, crueldad, calumnias, amenazas, fake news, son el modo de trabajo de estos perseguidores seriales. Su blanco: todo aquel o aquello que este en el ojo público, con algo de fama, de renombre o de popularidad.

Tal es su actuar que a veces construyen otras dimensiones de la realidad al estilo de la famosa frase tan utilizada en la política:"miente miente que algo quedará". Realizan su tarea con la total impunidad que les brinda la web, lo que ayuda a que estos sujetos den rienda suelta a su agresión.

Además, cuentan con el efecto multiplicador de las redes sociales, por lo que la violencia se difunde y siempre hay más de una persona que ataca. El efecto multiplicador hace que una falsa información adquiera veracidad y que una víctima pueda ser victimizada una infinidad de veces.

En estos sujetos, el odio se encuentra en modo goce y a la espera de la oportunidad para manifestarse. Su intimidación no es inmediatamente identificable y ejercen una fuerte influencia social porque en este tráfico de signos, ellos reproducen algo ya interpretado.

Freud pensaba que el odio es un hecho clínico fundamental y señala que estas tendencias beligerantes derivadas del odio original tienen graves incidencias sociales porque el hombre satisface su aspiración al goce a expensas del prójimo, soslayando las prohibiciones. Agrega que como debe renunciar a satisfacer plenamente esta agresividad en sociedad, este odio lo vehiculizaría a través de otros conflictos. En síntesis, el sujeto odia, detesta y persigue, con la intención de destruir, a todos los objetos o situaciones que son para él una fuente de displacer.

Podemos decir qué parte del malestar actual, en estos tiempos de pandemia, tuvo y tiene su representación en la cantidad de confusión, incertidumbre y miedo que estos "odiadores" sembraron en la población a partir de las"fake news" sobre el coronavirus, las normas de bioseguridad, las teorías conspirativas, el uso del dióxido de cloro, el suero equino, las vacunas y otra serie de datos sobre el Covid – 19.

Para estos personajes investidores de odio, no existe un semejante sino que existe un otro para ser usado, manipulado, destruido y abandonado en pos de su propio goce y su ganancia económica.

Influencias y retos peligrosos: *Tik Tok - Black out challengue*

Hoy en día, se ha difundido o virilizado entre los adolescentes distintos retos a través de la red social "Tik Tok", uno de ellos es conocido como "Blackout Challengue o Desafío del Apagón" que consiste en aguantar la respiración al grado de casi desmayarse y experimentar las sensaciones que esta actividad conlleva. Gana el que más tiempo aguante sin respirar.

Durante 2020 el organismo regulador de datos personales acusó a la plataforma de "Tik Tok" de violaciones como: la falta de atención a la protección de menores, la facilidad con la que los menores pueden acceder y eludir la reglamentación de la plataforma, la falta de seguridad y de privacidad que brinda ese sitio.

Tal es lo que sucedió con Antonella, una niña italiana de 10 años que participó del desafío del apagón. Se puso un cinturón en el cuello con el objetivo de quedarse sin respirar el mayor tiempo posible, mientras grababa la escena con su móvil en el baño de su casa. Su hermana de 5 años encontró su cuerpo inconsciente y aviso a sus padres quienes la llevaron al hospital de su ciudad, pero la pequeña no logró sobrevivir. Sus padres relataron que la niña entraba a esta plataforma sólo para ver videos, nunca se imaginaron esta situación.

Otro de los tantos desafíos que se vuelven virales en esta red está relacionado con los dientes. Se trata de cada uno de los participantes se desgaste los dientes con una lima casera. El nombre de este desafío se encuentra distorsionado y es llamado "corrección y embellecimiento dental". Esta práctica que surgió durante la pandemia llegó a través de los "Influencers" y afortunadamente y rápidamente fue detectado por los odontólogos, quienes lanzaron una advertencia que se viralizó y que prácticamente anuló el reto.

Desde hace tiempo estos retos se encuentran en internet siendo uno de los que más se difundió el de la "Ballena azul" Se trataba de una actividad interactiva que comportaba un gran monto de sadismo abarcando situaciones de mucho riesgo que incitaban al suicidio. Su nombre "Ballena azul" está relacionado con el varamiento de estos cetáceos cerca de la playa que los lleva a la muerte.

Esta tendencia nació en Rusia en el 2013, siendo creada por un estudiante de Psicología que fue expulsado de la Universidad y cuyo objetivo -como el de muchos paranoicos- era el de depurar la sociedad empujando a los miembros a una muerte por suicidio. Se basaba en la relación que se establecía entre los participantes y los administradores a través de las redes sociales y en grupos cerrados utilizando fundamentalmente las redes de Facebook y de WhatsApp.

El desafío invitaba a una serie de cincuenta acciones que deben realizar los participantes a razón de una por día. Entre las actividades figuran: cortarse los brazos o los labios, pincharse las manos con una aguja varias veces, quedarse de pie en el borde de la azotea de un edifico alto durante 20 minutos, pararse en el borde de un puente diferente cada día, entre otras, siendo la acción final saltar desde la azotea de un edificio alto o de un balcón. Este fenómeno se viralizó rápidamente en varios países Europeos y llego a nuestro país donde aparecieron dos casos.

Ahora bien, ¿qué es lo que sucede? ¿Por qué estos fenómenos toman a algunos niños y a algunos jóvenes? ¿Qué ocurre con las funciones parentales?

Nos encontramos con que niños y jóvenes tienen una sobrexposición virtual, ignoran los riesgos y peligros de internet y de las redes. La conectividad y la navegación en las redes comienzan a muy temprana edad, aunque su reglamentación indica en el caso de las redes, que 13 años es la edad recomendada de comienzo; y en este punto hay escasa supervisión parental.

En líneas generales, los niños y los adolescentes son los que más saben de internet en su casa y en la mayoría de los casos como señalé los padres desconocen la actividad virtual de ellos y de los grupos digitales con los que interactúan. Nos encontramos en nuestro trabajo clínico con muy poca intervención parental en lo referente a la navegación por internet.

Además, en estos tiempos digitales podemos mencionar por un lado los contenidos mediáticos que se movilizan por la web volviéndose virales y por otro su apoderamiento por parte de la cultura adolescente. Hablar de viralidad en la web supone hablar de ideas que pueden ser apropiadas y que sobreviven en alguna comunidad. Un modelo que se difunde lleva a la actividad a aquellos que lo consumen y que se convierten en multiplicadores.

Por otro lado, es menester aclarar que algunos jóvenes y adolescentes consumen y llevan a la acción estas macabras ideas porque tienen un estado de fragilidad psíquica importante. Muchos de ellos como antes mencioné, no son conscientes de los peligros que enfrentan y a los que se exponen. La red está llena de oportunistas y abusadores que se ocultan detrás del anonimato.

Sabemos que no hay adolescencia normal sin momentos depresivos: los duelos que van atravesando son trabajosos, complejos, lentos, y pueden transformarse en patológicos. Los estados depresivos en la pubertad y en la adolescencia muestran, al igual que en la infancia, intensos sentimientos de no ser queridos, de ser marginados, con una profunda auto-desvalorización, con vivencias de ser rechazado socialmente y fantasías sobre la muerte. Es frecuente el sentimiento de vacío cuando las posibilidades de representación psíquica se encuentran limitadas y esta característica da paso a la acción como respuesta.

Tristeza, auto-rrepoches e inhibiciones conforman una trilogía relevante en materia de síntomas que en esta etapa puede llevar a actos agresivos y autoagresivos, como los propuestos por el "Blackout Challengue" y su antecesor la "Ballena Azul".

La frustración, derivada de las necesidades de dependencia, puede producir agitación, ansiedad o la desesperada necesidad de reemplazar a los padres perdidos con nuevas figuras aparentemente "gratificadoras" -como los administradores de los desafíos - que con su sadismo manipulador los pueden llevar a cometer actos graves e irreparables.

Las amenazas, los intentos de suicidio y los suicidios no son raros, al igual que los accidentes.

Una viñeta clínica durante la pandemia
Clarita

A mediados del mes de septiembre me llama para consultarme Carolina, la madre de Clarita, una adolescente de 13 años. Me relata que junto con Alejandro su marido a partir de la cuarentena, comenzaron a notar cambios muy notorios en el comportamiento de la joven, como por ejemplo pasarse muchas horas en su cuarto durmiendo y navegando por internet. La joven dejo de relacionarse con su grupo de amigos a quienes conoce desde sus 6 años y con quienes concurre desde el nivel primario al mismo establecimiento educativo.

A lo largo de las entrevistas realizadas por video llamadas, sus padres me comentan que a Clarita le cuesta conectarse con las actividades escolares y subirlas al blog de la escuela pública donde estudia.

Se siente perseguida por la profesora de biología y también agregan que la cuarentena la abatió. Sus padres comentan que era una chica muy activa, deportista, y que hasta que comenzó el aislamiento social obligatorio, practicaba Hándbol en el club San Telmo.

A partir del aislamiento obligatorio fue disminuyendo sus actividades hasta prácticamente recluirse en su cuarto con su computadora y con escaso contacto con su grupo de pares.

Al preguntarles a sus padres sobre el contenido de las páginas y sitios de internet por los cuales navegaba, ellos dicen que lo desconocen pero que les llama la atención el tipo de preguntas que la joven hace sobre la muerte y cuestiones místicas.

En las pocas interacciones que tiene con sus padres y

hermano de 17 años- otro joven que habita en su cuarto y duerme mucho-, la joven habla y también les pregunta sobre la muerte y la reencarnación, sobre el espiritismo y temas afines.

Sus padres se encuentran trabajando fuera de la casa porque tienen actividades esenciales y la niña junto con un hermano de 17 años pasan mucho tiempo solos en la casa sin interacción entre ellos, sumergidos en la realidad virtual, alternando entre: You Tube, Instagram y videojuegos, sin la mirada de un adulto significativo.

Agregan que Clarita hasta el 2019 fue una excelente alumna y que este año bajaron sus notas.Cuando la cuarentena estricta se levantó, la joven no quiso salir de su casa, ni quiso ver a sus amigos, dice que no le gusta su escuela ni su cuerpo, que siempre le gustaron las chicas y que desde la pandemia se infringe cortes en sus piernas. También sus padres comentan que la ven triste e introvertida.

Después de la primera entrevista y haber acordado la segunda, Carolina me llama diciéndome que está muy asustada porque escucho a su hija hablar con una amiga y le comentaba que había investigado por YouTube, Instagram, Tik Tok y viendo a una Influencer española, sobre la experiencia de la muerte y la reencarnación.

Le decía a su amiga: *"que la muerte no era el final y que ella sabía perfectamente como volver, que la muerte se trata de pasar a otro plano y si ella quiere volver puede hacerlo reencarnando como un espíritu libre..."*

No pretendo aquí desarrollar un caso clínico, sino que mi intención es la de dar visibilidad a la influencia de los contenidos de las redes sobre un psiquismo frágil vulnerado y vulnerable, como es el de Clarita y como estos a través del aprendizaje vicario y de los mecanismos de identificación se van amalgamando con aquellas ideas inconscientes, que habitan en su joven psiquismo, añadiendo representaciones a su sufrimiento psíquico, el que padece desde su infancia.

Encontramos en esta viñeta clínica: la caída de las funciones parentales, duelos infantiles sin elaborar, tal vez una depresión infantil, temas relacionados con su sexualidad, ideas delirantes, entre otras cuestiones, que se precipitaron durante la pandemia, como consecuencia de la cuarentena. La generación de Clarita, es la primera que vive una situación de confinamiento, un prolongado encierro, la interrupción de clases y del contacto con sus pares; fundamental en esta etapa de la vida, provocada por la alarma frente al virus.

El hecho de convivir 24 por 7 en el caso de los grupos familiares ha contribuido en muchos casos a mejorar los vínculos y en otro trajo mucho malestar, en parte producto de la endogamia y también por la inquietante transformación de la privacidad y la intimidad.

En el caso de Clarita, el confinamiento obligatorio, afortunadamente dio visibilidad a su padecimiento de años el que se encontraba enmascarado por el gran despliegue de actividad que ella desarrollaba pre-pandemia, y dio lugar al comienzo de su tratamiento. Sin dudas esta circunstancia excepcional del coronavirus contribuyo a dar mayor transparencia a las otras pandemias que enfrentamos como humanidad, una de ellas es la declinación de las funciones parentales

Bibliografía

Catz, H y col. (2020) *La Pandemia y después...Una mirada Psicoanalítica.* Serie de 4 libros sobre la Pandemia, Tomo IV Ediciones Vergara. Buenos Aires.

Chemama R. *Diccionario de Psicoanálisis. Biblioteca de Psicología y Psicoanálisis.* Buenos Aires: Editorial Larousse Bordas (nueva edición); 1998.

Cruppi, M *Vivir en la posmodernidad. Sobre el desplazamiento de las significaciones en el Siglo XXI.* Letra Viva Editorial. 2017.

Cruppi, M *Sadismo en la red: el odio en modo goce.* elSigma.com. Diciembre 2017

Delgado, O La segregación contemporánea *Pagina 12* Rosario. 2011

Jaimovich, D Sadismo digital o el perverso placer de causar daño a otros.*Infobae*.com. 2017

Negrete Alcudia, J. A. *Heráclito un comentario filosófico.* Editorial Apeiron. 2018. Colección: Fondo

Monica Cruppi

Doctora en Psicología Social, Autora. Miembro titular en función didáctica de la Asociación Psicoanalítica Argentina.Full member de la International Psychoanalytical Association. Miembro de la American Psychological Association sección 1 Psichoanalysis. Se ha especializado en Psicoanálisis de niños y Adolescentes, en Educación y Tecnología y en Ciencias sociales y Educación. Es Investigadora en temas de pareja y familia y en la influencia de la cultura digital en la subjetividad. Desde 1998 colabora con sus artículos y notas de divulgación psicoanalítica en diferentes medios de comunicación nacionales y de países latinoamericanos. Es columnista de la Revista especializada en Psicoanálisis Imago-Agenda. Ha escrito varios libros como autora y en coautoría, entre los que se encuentra el "Diccionario Argentino de Psicoanálisis" y "Vivir en la Posmodernidad- Sobre el desplazamiento de las significaciones en el Siglo XXI" y también de numerosos artículos de la especialidad. Ha trabajado como docente de grado y posgrado en el ámbito universitario y trabaja como docente en la Asociación Psicoanalítica Argentina. Coordinadora de espacios de investigación. Dictante de cursos y Presentadora de trabajos en jornadas, simposios y congresos nacionales e internacionales. Autora de artículos científicos publicados en revistas de la especialidad, en el ámbito nacional e internacional. Cofundadora de la comisión de cine de la Asociación Psicoanalítica Argentina.
Coordinadora del Campus virtual de la Asociación Psicoanalítica Argentina.

Email: dra.monicacruppi@gmail.com

Escritura terapéutica y autobiográfica: encuentros en pandemia

> *"Compartir experiencias y vivencias y narrarlas es tan necesario para el alma como beber y c omer para el cuerpo carnal".*
> Walter Benjamín

Lila Fabiana Gómez

Recuerdo una excursión por el Lago Argentino en la Patagonia. Nos encontramos con un témpano que se había desprendido del glaciar Upsala, en el Parque Nacional Los Glaciares. El barco se iba acercando al monumento gigante de hielo que funcionaba como un centinela del lago, todos los turistas nos sacábamos fotos con la estática muralla de fondo. De pronto observamos cómo se iba produciendo una grieta vertical que lo surcaba en el medio, a lo que siguió un ruido crujiente y el movimiento ondulante del agua que llegaba hasta nuestros pies. Luego se precipitó un cataclismo que dio vueltas por completo el témpano sacando a la superficie el hielo celeste, debido a la falta de oxígeno y dejado alrededor esquirlas flotando.

En pocos minutos, ese edificio de hielo nos había mostrado su posibilidad de transformación. Había mutado de color, forma y tamaño. Con una sensación de asombro y perplejidad me pregunté si los seres humanos, teníamos también esa capacidad. Seguí interrogándome acerca de lo que podría facilitar la supervivencia en tiempos de pandemia, siguiendo el planteo darwiniano que destaca "la supervivencia del más apto" y pensé en la adaptación al cambio, como función necesaria para poner en juego la creatividad, la tolerancia a la frustración, la capacidad de espera, la elaboración de duelos, dando lugar a nuevas significaciones.

En relación a esto, surgió la propuesta de talleres de escritura terapéutica y autobiográfica. Quizás facilitada por las medidas de precaución y aislamiento que disminuyeron el contacto con los estímulos del mundo externo promoviendo un ritmo de vida más desacelerado que invitaba a la introspección. Así fue como en muchas personas, pude observar la aparición de manifestaciones artísticas y la necesidad de participar en grupos de manera virtual.

En el marco de una población que en general vio dificultados sus ingresos económicos, con una marcada necesidad de escucha, encuentro con otros y auto reflexión surgió la invitación a talleres de escritura terapéutica y autobiográfica que decía así:

"¿Te acordás cuando eras niño o niña y subías a tu casita del árbol o te armabas un castillo, un fuerte o una choza? Con ese espíritu, te invito a crear un espacio "despegado" de los estímulos del mundo externo que capturan tu atención.

La idea es reunirnos una hora y media o dos, en forma virtual, durante cuatro talleres para construir entre todos, un momento de creatividad y de encuentro con distintos aspectos de cada uno, a través de la escritura.

¿Te gustaría que tus palabras te ayuden a percibirte desde otra perspectiva? Quizás te descubras, te sorprendas y encuentres miradas diferentes sobre tu propia historia...

Espero que puedas brindarte un tiempo tranquilo y sin actividades en paralelo para conectarte con la posibilidad de jugar con las palabras, facilitándote ir a tu encuentro... allí donde te lleven las asociaciones, a través de la cadena infinita de la metonimia, saltando entre los pares antitéticos de las palabras y potencian-

*do tu creatividad hasta descubrir "tu discurso literario",
a través de la escritura terapéutica".*

Entiendo la escritura terapéutica como una técnica que surge de la combinación de psicología y escritura, a fin de dar lugar a propuestas transformadoras en nuestro mundo interno. El género autobiográfico cuenta con subgéneros como las memorias, el diario íntimo y el autorretrato, permitiendo también este ensamble. Es una técnica muy útil para conocer la historia de vida y comprender aspectos del desarrollo de la personalidad. A través de la autobiografía se organizan y registran además de los hechos que se han vivido, la imagen que se tiene de sí en relación a los objetos y las personas implicadas en esos hechos.

Si nos remontamos en la historia del psicoanálisis, cuando Sigmund Freud depositó su confianza en el valor de las asociaciones libres dijo que estaba "siguiendo una oscura intuición". Se inspiró en Ludwing Borne que había escrito en 1823 un ensayo titulado "El arte de convertirse en escritor original en tres días" y decía así "tome hojas de papel y durante tres días sucesivos escriba, sin falsedad ni hipocresía de ninguna clase, todo lo que le venga a la cabeza" (Jones 1996: 253) Este sería el precursor del método psicoanalítico de la asociación libre, en el que me he basado para proponer una técnica de escritura terapéutica.

Los ejercicios donde se combina escritura y psicología ayudan a reflexionar, y revisar ideas. También brindan la posibilidad de relatarse nuevamente acontecimientos generando nuevas significaciones, más cercanas a lo genuino de cada uno porque brotan de la espontaneidad y se tramitan en intimidad.

La metodología de trabajo de los encuentros del taller, apunta a que cada participante pueda conectarse e integrar pensamientos y sentimientos, en relación al pasado, presente y futuro.

¿Cómo nos contamos nuestra propia historia? ¿Qué

palabras utilizamos? La hoja vacía o la pantalla de la computadora ofician como un espejo para poder dialogar con uno mismo y reconocernos a través de nuestra escritura. Se trata de generar un momento íntimo, donde el discurso espontáneo pueda asociar libremente, sin juicios internos ni externos. No se necesita formación previa en escritura creativa ni literatura. Tampoco es obligatorio mostrar la producción a los otros integrantes del taller, sino compartir las experiencias de escritura.

¿Es posible expresar lo vivido subjetivamente a través de "palabras"?

Para responder esto, es necesario diferenciar entre experiencias y vivencias. "Las experiencias están compuestas por la conjunción entre situaciones (que son relatables) a diferencia de las vivencias, que son el componente metapsicológico de dichas experiencias (no relatables)" (Benyakar, 2015:46) Resulta así, que la vivencia es inefable.

Benyakar define la experiencia como la conjunción de la situación con la vivencia. La experiencia remite a lo vivido a diferencia de lo vivenciado.

La vivencia está permanentemente presente en todos nuestros procesos psíquicos. El sujeto puede percibir su existencia, sentir sus efectos, pero nunca podrá poner en palabras su vivencia porque sería como describir su procesamiento psíquico (consciente o inconsciente)

En la serie de las formaciones del inconciente, el objetivo sería intentar hacer consciente algunas de las formas en las que vamos registrando nuestra vida y de las múltiples posibilidades que surgen cuando nos apropiamos de nuestra experiencia al historizarnos. Al estilo de la frase de Jean Paul Sarte "Lo importante no es tanto lo que hicieron con nosotros, sino lo que haremos nosotros con lo que hicieron con nosotros".

Relato de experiencias

La invitación a los talleres tuvo mejor recepción en las mujeres que en los varones. El grupo etáreo predominante fue el de mediana edad.

Una de las consignas propuesta fue la Técnica de la Autobiografía: "escriba los aspectos o partes importantes de su vida que hacen que usted sea quien es, que la/lo definan e identifiquen".

El análisis de cada texto contó con tres momentos:

a)   Reflexión individual.

b)   Compartir la experiencia con el grupo del taller (sin necesidad de leer los escritos al grupo)

c)   La opinión de la coordinadora sobre el escrito, si el participante lo solicita.

Dice Benyakar que "cualquier observación o relato estarán influenciados por factores subjetivos del que lo relata, del que observa y/o del oyente" (Benyakar 2015: 46) Así, la idea de estas tres instancias era invitar a ampliar perspectivas y a comprender que el presente es nuestro tiempo de existencia, que suele estar atravesado por aspectos de nuestro pasado y del futuro.

Pude observar que los participantes podían contactarse con mayor facilidad con el pasado que con el fututo. A pesar de que éste suele presentarse como "una hoja en blanco" con posibilidades de ser soñado y construido, resultó una temática difícil de abordar para algunos participantes. En el trabajo grupal se manifestaron el temor, la ansiedad y la angustia relacionadas con el atravesamiento del Coronavirus, dificultando la proyección de deseos o proyectos.

De la reflexión grupal surgieron las siguientes observaciones:

•   Tendencia a autodefinirse priorizando el hacer (ocupación, trabajo, etc.) sobre el ser.

- Escribir obviando etapas de la vida (ej. no hablar de la niñez, o de la adolescencia)
- Dificultades para expresarse ("Mi mano no puede escribir, voy a contar mi autobiografía"; "No sé expresar correctamente lo que quiero decir")
- Predominio de imágenes visuales.
- Necesidad de integrar el pasado al presente para proyectarse.
- Predominio de la infancia, como etapa vital con significación positiva.
- Verbalización de frases como "todo pasa", "no te aferres", "esto también pasará", "aceptar las cosas como vienen, no dramatizar tanto", etc.
- Escritos donde predominaba la tristeza o el auto reproche.
- Predominio de autobiografías lineales (realizadas en forma cronológica) vs constelación de datos. como forma de narrar la historia de vida.

Algunas observaciones

La hermenéutica es el arte de la explicación, traducción o interpretación de la comunicación escrita, la comunicación verbal y la comunicación no verbal.

El objetivo fundamental de la hermenéutica es proveer los medios para alcanzar la comprensión del objeto o escritura que es interpretado, sorteando los obstáculos que surgen de la complejidad del lenguaje o de la distancia que separa al intérprete del objeto investigado.

Un texto es el resultado de un acto de comunicación cuya extensión y carácter dependen de la intención del hablante. Esta intención puede ser doble: comunicativa (voluntad de transmitir una información) y elocutiva (deseo de lograr un determinado efecto)

Ricoeur caracteriza al relato como "inteligencia narrativa" porque narrando se convierten en inteligibles la experiencia y lo vivido, los hechos y la historia (Augeri, 1999, p.77) El relato permite "dar sentido al conjunto caótico de la experiencia y escenario vital y transformar el mundo en horizonte de sentido, es decir escenario de la experiencia humana. El relato se transforma en historia contada al enlazar en la trama narrativa lo que se presentaría de modo confuso, afectado por saltos temporales, incoherentes y sinsentido".

A la pregunta le pertenece la posición de un sentido, una orientación, una dirección que ubique el tema en perspectiva para producir una respuesta. Una pregunta se formula siempre desde un horizonte que la determina.

Pasos para realizar un análisis hermenéutico:

1. En primera instancia, se debe realizar la descripción del texto y el contexto en el cual surge. En este caso los textos surgieron como actividad propuesta dentro de un taller de escritura terapéutica y autobiográfica que tenía como objetivo el autoconocimiento.

2. Posteriormente, para un conocimiento completo se debe asumir otros métodos previos: método histórico, genético o estructural. Para esta situación, también se realizó una breve recolección de los datos de historia de vida y preguntas que guiaron la auto observación.

La hermenéutica involucra un intento de describir y estudiar fenómenos humanos significativos de manera cuidadosa y detallada. Trata de despojarse de supuestos teóricos previos para basarse en la comprensión práctica.

Para la evaluación de los escritos, me basé en la propuesta de Paul Ricoeur (Essais d'herméneutique, París: Seuil, 1969) acerca de una "hermenéutica de la distancia", que considera que lo que hace que surja una interpretación es el hecho de que haya una distancia entre el emisor y el receptor. Para Ricoeur interpretar es extraer el ser-en-el-mundo que se halla en el texto.

Guiada por la pregunta ¿sobre qué se escribe en las Autobiografías? partiré del análisis de 20 autobiografías de mujeres adultas (entre 35 y 55 años) en el que he podido pesquizar algunas categorías semánticas que ilustraré con algunas viñetas clínicas:

A. Muchas veces los relatos se organizaron en relación a un tema central u ordenador que viene desde la infancia: duelos, enfermedades o trastornos físicos (celiaquía, miopía, sobrepeso, etc.)

"Fui celíaca diagnosticada a los 11 meses, creo, más o menos, eso hizo que fuera la hija que quizás dio un buen susto a esa madre primeriza con unos síntomas que al principio los médicos no sabían interpretar. Luego, el dr. X dio en el clavo y ahí comenzó la otra travesía de mi madre recorriendo el camino de qué darme de comer. Yo acaté la norma desde muy pequeña "No comer pan", en eso iba incluida una lista de alimentos prohibidos, fideos, galletas de las que vendían en el Kiosco X, pizzas, productos conservados industrializados y no sé cuántas cosas más. Me pregunto cuánto marcó esa vivencia en mí".

B. Varios escritos reflexionaron acerca del ritmo vital.
"Siempre hice todo rápido y bien. Ahora no quiero que la vida me detenga por no poder parar".
"A deshoras, iba lenta y tarde siempre".
"Me siento desfasada".

C. En relación a las palabras utilizadas aparecen términos que hacen referencia a "reparar el daño", "remendar", "rehacer la vida", etc. Expresiones que denotan significación de errores.

"Vuelta al hogar, a trabajar y remendar la vida. Y digo remendar, porque no empecé de cero. Digo remendar porque una separada en aquellos años era sinónimo de puta, por lo tanto, las salidas eran secretas."

"Todo se reparó, trabajo, estudios, familia, corazón".

D.   Algunas mujeres describieron imágenes de su vida en sus escritos. Respecto a esto, dice Ana García Varas "De esta forma, encuentra la posibilidad de una traducción en la que ninguno de los dos extremos puede ser subordinado al otro, pues el original, la imagen, no desaparece, no es sustituída por el proceso de transcripción. Tal relación permeable ha de probarse en la traducción inversa, en la vuelta de lo traducido al medio inicial: es así la reconstrucción de la relación de lenguaje e imagen la que prueba la legitimidad de esta práctica hermenéutica, basada en el fundamento común de ambos lenguajes: la figuración". (García Varas:14)

Un ejemplo de esto puede observarse en el siguiente relato "Tengo todo para decir de esa niña, así como de ese instante en que esta imagen fue capturada en un abrir y cerrar de ojos."

Otra participante recordó con mucha nostalgia la imagen y el sabor de una torta de manzanas que compraba su abuelo cuando ella los visitaba. Asoció la alegría que sentía al presenciar el vínculo amoroso entre ellos en contraposición a la pareja de sus padres. La añoranza de aquel sabor fue tramitado en el trabajo grupal. Para eso el grupo le acercó diferentes recetas ayudando a que pasara de la nostalgia por la pérdida de aquel objeto de su infancia a capitalizar aquella experiencia intentando reproducir la torta a su manera. Así la tristeza fue dando lugar a otras emociones.

E.   Dificultades para elaborar situaciones, cambios o duelos.

"A los 6 años llegaron mis hermanos mellizos con todo el caos emocional y económico que conlleva, esto me dejo fuera de la preocupación de mis padres y entre medio del grupo mayores o recién nacidos de mis hermanos. Todo cambio abruptamente de niña a niñera, de la hija mimada pase a ser la olvidada, aunque todo se desarrolló con normalidad en cariño y ocupación".

"Con la muerte de mis padres todo continua igual, aún con el dolor de cada pérdida, pero solo el suicidio de mi amiga, cambió toda la visión de mi vida porque comencé a disfrutar y reconocer cada momento de participación con los seres que me rodean y en muchos casos puedo decir que disfruto la vida con sus pequeñas cosas. Ya no elijo grandes batallas para luchar solo pequeños logros que me permiten saborear la alegría del triunfo en la conquista de vivir cada día".

"Esta imagen, que indudablemente es mucho más que eso, también representa la pérdida. ¡La pérdida de ese lugar que a mis hermanos y a mí nos hacía tan feliz y que a mis padres los llenaba de orgullo y seguridad... nuestra casa! Me sorprende aún más, que esa pérdida a nosotros como hermanos, como familia, a mí como ser individual, nos motivó a pelear, no solo por lo que necesitamos, sino también por lo que queremos, lo que deseamos".

F.   Predominio y omisión de determinadas etapas de la vida: Algunas mujeres solo escribieron sobre su infancia. Otras pasaron por alto la adolescencia, reflexionado que era una etapa de la que aún tenían situaciones pendientes por vivir.

"Vos, niña de infancia que guardaste secretos, sos la

misma de hoy. Un hoy distinto, un hoy que deja de ser ayer, para simplemente ser. Una niña que ya no necesita resguardarse escondiéndose, ni callando, ni ocultando, ni avergonzándose, ni silenciando. ¡Ese tiempo ya pasó!". De este relato pueden inferirse situaciones de la infancia que se presentifican buscando ser elaboradas.

"Busqué a Cupido desde siempre. Primero fue el príncipe azul, aquel quien me rescataría de la autoridad de mis padres, de la obligación religiosa de mi abuela, del aburrimiento de una adolescencia frustrada por el hoy llamado bullying. Mi adolescencia fue una hipocresía total".

G. Algunas mujeres prefirieron autodefinirse, en lugar de recordar hechos de su historia.

"Ahora que te pienso y que nos pienso, la verdad ya no me sorprendo ... soy esto, porque soy tu creación, soy todo lo que invertirse, soy transformación, pero también soy tu permanencia, tú continuidad, tu esencia, estamos co - construidas, atravesadas por las historias, las personas, los momentos, los amores, los miedos, las frustraciones, los éxitos, los fracasos"

Algunas mutaciones o transformaciones

> *"Escribir es usar la palabra como carnada,*
> *para pescar lo que no es palabra"*
> Clarice Lispector

A partir de estas experiencias, he podido constatar que la técnica de la autobiografía resulta un recurso útil para acceder al discurso genuino del sujeto, intentando "pescar lo que no es palabra". "Escribir es usar la palabra como carnada" para evidenciar también la aparición de ciertos síntomas que pueden pesquisarse a través de omisiones, lagunas mnésicas, recuerdos encubridores, actos fallidos, manifestación de ansiedades, etc.

En general la mayoría de la población sabe escribir y ha heredado el conocimiento del alfabeto. Suelen ser pocas las personas que no logran realizar la técnica, debido a dificultades para verbalizar o expresar su historia y a la movilización emocional. En relación a esto, luego de un encuentro, una participante soñó sobre la muerte de su padre, ocurrida veinte años atrás y pudo conectarse afectivamente con ese duelo, que había quedado como suspendido o congelado. Verbalizó "quedé muy impactada con la consigna, me desperté durante la noche soñando con mi papá. Me puse a escribir y lloré como nunca antes, yo pensé que esto lo había superado". En esta viñeta se pone de manifiesto como la consigna propició procesos psíquicos en pos de la conexión entre el afecto y la representación.

Otra participante comenzó a escribir su biografía remontándose a la historia de sus abuelos. En esa recreación de su infancia se evidenció la identificación con su abuela a partir de lo que ella le había transmitido de sus experiencias durante la segunda guerra mundial. Entonces ella asoció el haber traído esos recuerdos, a la similitud que sentía de atravesar la pandemia como una guerra sanitaria.

La trama narrativa, como historia contada es, para Ricoeur fuente de inteligibilidad. Muestra una inteligencia que traduce la realidad-experiencia reconstruída para significar, aunque necesita de la operación configurante de la inteligencia narrativa que combine hermenéuticamente los hechos narrados. Así, la inteligencia narrativa es capaz de conectar la temporalidad del sujeto (vida) con la intencionalidad de su acción y su deseo.

Lo existencial se muestra integrando lo real y lo ficticio dentro de la perspectiva personal y autobiográfica. Pero esta integración es significativa porque el relato es capaz de decir lo indecible simbólica o metafóricamente, de expresar lo inconciente, de arrancar el sentimiento y el miedo al silencio, a la confusión y hacerlo lenguaje, aunque sea figurado.

Las narraciones permiten valorar no sólo la capacidad humana de auto comprensión antropológica gracias a la posibilidad de traducir en lenguaje la propia vida (pensamientos, acciones y sentimientos) mediante el relato sino también la necesidad del símbolo como aquello que hace posible decir lo indecible, mostrar la paradoja existencial del hombre (finito-infinito). Este tema surgió durante distintas experiencias que registraron al virus como una amenaza constante. "Me angustia pensar en el futuro, me gusta pensar en la inmediatez. No hay que proyectar mucho porque uno no sabe si vive".

Agrega Ricoeur que el relato permite comprender que la vida no alcanza su destino sino en relación con los demás, plenificando lo que, a primera vista no tiene sentido y desdramatizando gracias a una conciencia rememorante marcada por la sonrisa ingenua.

En relación a esto, refiere una asistente a los talleres: *"Termine mis estudios secundarios a los 23, con montón de cursos entre medio y Profesora a los 50. Reconozco solo las palabras "Esto también pasará" porque la soledad fue lo único que se quedó a mi lado en una constante herramienta para conquistar todos mis objetivos de vida"* … *"Hoy con 58 años muy saludables y trabajando, me dan la capacidad de observar que poseo todo y más de lo que pude imaginar: casa, auto y viajes; no me falta nada gracias a mi profesión".*

La identidad personal se presentó como una pregunta precipitada por el atravesamiento de la pandemia, además de ser uno de los problemas más importantes de la historia de la filosofía. Recuerdo a Freud, quien en el Posfacio de su autobiografía escribió "dos temas recorren el presente trabajo; mi peripecia de vida y la historia del psicoanálisis. Están unidos del modo más estrecho. La Presentación autobiográfica muestra cómo obedece al justificado supuesto de que no merece interés nada de lo que me ha sucedido personalmente si no se refiere a mis vínculos con la ciencia". (Freud, S. 1973: 67) Aquí puede leerse el ensamble entre el ser y el hacer, aspectos del mundo psíquico que me parece necesario diferenciar y nutrir por separado aunque ambas se integren en el diario vivir.

Apuntando a distanciarse del nombre asignado que cada uno porta, se les sugería a los asistentes al taller elegir un nombre de fantasía para jugar con la posibilidad de re-crear/se, vale decir se los invitaba a verse y actuar desde una mirada personal y del entorno diferente a la que suelen recibir cotidianamente.

Paul Ricoeur afirma que la identidad personal es posible en la forma de una "identidad narrativa" o una narración que cada sujeto hace de su propia vida. Apropiarse de la historia de la vida de uno implica contarla, conducido por los relatos tanto históricos como ficticios que se han comprendido y amado. (1999, p. 30)

Quisiera concluir con un pensamiento de Braunstein en relación a la construcción del discurso y a la función del psicoanálisis. Él se refiere a "descoyuntar la historia oficial para que el sujeto pueda reconocer en ella el carácter ficticio, la organización en torno a fantasmas e ideales que proceden no de él mismo sino del Otro, para disecar la anatomía de ese "yo" protagónico que usurpaba el lugar de justificarse y de ser "objetivo" (como si tal cosa pudiese pedírsele a un sujeto) abrirse a la posibilidad de una escritura, la primera de él, de su propia existencia. No hablemos de una "re" escritura porque la primera no había sido escrita por él ni para él sino por y para el Otro" (Braunstein 2001: 155)

Bibliografía

Benyakar, Moty (2015) "Lo disruptivo: de lo fáctico a lo psíquico" articulo entregado en el 2020 en el Doctorado de Psicología y Lo disruptivo de la USAL.

Braunstein, Néstor (2201) *"Ficcionario de Psicoanálisis"*. México. Siglo XXI editores.

Freud, Sigmund (1925 – 1924) "Presentación autobiográfica". *Obras Completas*. Tomo XX. Bs. As: Amorrortu Editores.

García Varas, Ana "La traducción de imágenes en palabras" *Revista Factótum.*

Jones, Ernest (1996) *"Vida y obra de Sigmund Freud"*, Bs. As. Ed. Lumen Hormé.

Martínez Angulo, Marta Rosa y otros (2013) *"Manual de técnicas de exploración psicológica"*. La Habana. Editorial Pueblo y Educación.

Maganto Mateo, Carmen; Ibáñez Aguirre, Carmelo. Utilidad clínica de la autobiografía. Disponible en: *Revista de Psicoterapia.*

Radici, María Elena "La hermenéutica de Ricoeur como camino de encuentro consigo mismo a partir de la lectura del film El gran pez".

Rivera, Luis Fernando (1987) *"Tres modelos del hombre"*. Bs. As. Editorial Universitaria.

Lila Fabiana Gómez

Licenciada en Psicología

Psicología clínica. Psicología clínica Infanto Juvenil.

Psicóloga del Centro Infanto Juvenil N°1 y N°2 del Ministerio de Salud de Mendoza (desde 2005)

Residente en Psicología Clínica Infanto Juvenil, Hospital "Dr. Pereyra" (2000- 2004)

Miembro Adherente de la Sociedad Psicoanalítica de Mendoza, filial

IPA (2017)
Secretaria científica y Vicepresidenta OCAL (2014 – 2016)
Representante IPA IPSO Relation Committe (2018 - 2021)
Primer premio en el 5th IPSO Writing Award for Latin America:
"Edipo: intimidad de un asesinato", IPSO (2017) Publicación de
artículos en: Revistas de APdeBA, APA, Transformación (OCAL) Re-
vista Uruguaya de Psicoanálisis, Revista Peruana de Psicoanálisis,
Revista de Barcelona de Psicoanálisis y Calibán (FEPAL).
Catz, Hilda y colaboradores (2020) "Trabajando en cuarentena en
épocas de pandemia y post-pandemia". "Avatares del análisis remo-
to de un niño preescolar".
Investigación (colaboradora) "Teorías cognitivas en el análisis", Dr.
Rotenberg y Lic. Bordone, APdeBA (2018 - 2019)
Investigación (colaboradora) "Teorías implícitas del analista", Dr.
Zysman, APdeBA (2015-2017)
Cursa Doctorado de Psicología de la UNSAL, Buenos Aires (desde
2020
E-mail: lilagza@gmail.com

Guárdate de las heridas que sangran sin dolor…*
El Dolor del Desamparo

María Pía Isely

De la desesperanza de la catástrofe a la posibilidad de un cambio catastrófico, en el sentido de la evolución, que tolere la turbulencia, la subversión de valores, la violencia de una catástrofe, el dolor de lo perdido, y apoyándose en una invariancia, en este caso la mirada psicoanalítica, habilite la posibilidad de la esperanza en un cambio catastrófico.

Catz, H.(2020)**

Introducción

¿Cómo elaborar el dolor del desamparo? De las guerras, del exilio, del terrorismo de Estado, del Coronavirus actual con todo lo que ello implica; pérdida de nuestros seres queridos en aislamiento, pérdida del trabajo, pérdida de las certezas o esperanzas…El dolor sin nombre del desamparo. Entre la memoria y el olvido, y entre el Duelo y la Melancolía **¿podríamos pensar en el dolor del desamparo?**

Hay ciertos hechos que por la fuerza del impacto, cambian la realidad del momento. Se denominan "dispositivos analíticos" dirá Emilio Rodrigué (1996)[1], Holocausto, Hiroshima, 1ª Guerra Mundial. Benyakar (2003)[2] los denominará Eventos y aún Entornos Disruptivos. La época del Proceso en Argentina y luego Malvinas. ¿Hoy el Coronavirus?

¿Podríamos pensar en las estructuras narcisistas como resultado de aquellos entornos, las estructuras de vacío, considerando las adicciones, la bulimia y la anorexia y los intentos de suicidio? Por otro lado ¿Podríamos pensar también en la predominancia de neurosis traumática y ataques de pánico, así como patologías psicosomáticas, cáncer, accidentes y suicidios?

Mucho de lo cual hoy se ha incrementado en las consultas. Ahora bien, ¿qué ocurrió en otras épocas como las mencionadas anteriormente?. Mi objetivo es investigar aquellos entornos que nos permitan hoy al modo de la Rêverie materna trabajar no sólo desde la prevención sino también desde la terapéutica.

Desarrollo

Trabajando con víctimas del proceso se ha encontrado un incremento de enfermedad somática en padres de desaparecidos, enfermedad cardíaca, cáncer, accidentes y suicidios. Ataques de pánico: en una época se lo llamó corazón de soldado porque era un síndrome muy común entre los que habían padecido una guerra: Diana B lo describe muy claramente: "Es como estar en el medio de un bombardeo sin saber qué hacer y hacia donde escapar. Y cuando termina así como en las películas dejan de sonar las sirenas y la gente agarra sus cosas y sale de los refugios; del mismo modo pasa el momento del pánico y uno sigue con su vida. Pero siempre con la incertidumbre de donde nos agarrará el próximo bombardeo". Podríamos hablar aquí de una compulsión a la repetición del trauma a fin de intentar ligarlo, como en los sueños traumáticos, sin embargo los estímulos externos fueron tan grandes, que se repite dominando el estímulo, pero no ligándolo.

A partir de Más allá del Principio de Placer, Freud (1920) nos da los elementos para revisar la técnica. ¿Será porque cambió la clínica, será porque él mismo vivenció el impacto del dolor?. A donde se dirigió el dolor por la muerte de su hija predilecta. Freud debía estar fuerte para consolar a Martha. **¿La respuesta psicosomática, el**

cáncer de Freud es un camino del dolor, que no pudo transformarse en sufrimiento como dice Benyakar?

En "Inhibición Síntoma y Angustia" Freud (1925) plantea que en las primeras épocas del desarrollo el trauma puede ser ocasionado por un empuje pulsional frente a un yo débil para dominarlo; trauma de nacimiento, angustia frente a la separación materna, trauma de castración. En el aparato ya constituido el trauma se relaciona con puntos de fijación y defensas predominantes, que van a determinar el significado de lo traumático y que van a incidir en los desenlaces posteriores, determinando distintas defensas frente al trauma.

Mencionaré solo dos defensas que me interesan abarcar en función de la temática que estoy desarrollando y aún para poder pensarlas en el contexto actual. **Represión**: a nivel de las representaciones se desaloja al sistema inconsciente aquellas representaciones dolorosas que se vuelven intolerables. Estas se esfuerzan por emerger o se enlazan con otras representaciones, por lo cual estos pacientes presentan síntomas o hacen desarrollo de angustia automática al menor enlace representativo del trauma. **Desmentida:** esta defensa ligada a la escisión del yo, puede dar lugar a dos tipos de manifestaciones, que en general son excluyentes, **ambas actúan como contra investidura,** que "cronifican" el trauma en mayor o menor medida, **impidiendo su elaboración**. Funcionan dos yo escindidos: un yo real definitivo que opera bajo el principio de realidad, que reconoce el trauma y un yo placer purificado, que lo escinde y no quiere saber de él.

Uno de estos modos de investir es a través de recordar (sobre invistiendo) una representación ligada al trauma, generalmente algo ocurrido antes. Para evitar el reconocimiento de una falta traumática obtura su percepción sobre invistiendo una representación anodina.

Ahora bien: ¿cómo confrontará el individuo y la sociedad este gran impacto mundial? Y aquí me quiero remitir a Nietzsche.

Nietzsche (1886)[1] toma los conceptos de apolíneo y lo dionisiaco para interpretar la tragedia como dos fuerzas que aparecen escindidas, sin embargo una no existe sin la presencia de la otra. Lo apolíneo seria lo ordenado, lo bello, ocultando lo dionisiaco que sería lo horripilante. ¿Podríamos pensar en lo apolíneo y lo dionisiaco como una desmentida? ¿Es esto lo que ocurrió en la Argentina, todos festejando el mundial del 78 mientras el terrorismo de Estado se estaba llevando acabo? Se tapó el dolor y así es como se repite el trauma en forma compulsiva por la imposibilidad de elaborarlo. De eso no se habla. ¿Estos mecanismos continuaron vigentes? Estas dos fuerzas en opuesto. El discurso político en muchas ocasiones aparece como la desmentida; resaltando lo apolíneo y velando lo dionisiaco. Sin embargo la sociedad misma se transforma en Dionisio, en aquello mismo que intenta ocultar ya que "Más allá del principio de placer" está la muerte, aquella a la cual tanto se teme y se intenta desmentir. Dionisio era el dios de la viña, de los placeres y del delirio místico. Existía una estrecha relación entre este dios y las divinidades de la muerte. Las adoradoras de Dionisio eran las Ménades, que comían carne de toro para identificarse con este dios y sentirse poseídas por él. Su placer favorito era la danza, y corrían lanzando gritos, llevadas por un frenesí delirante, vale decir las furiosas simbolizaban la personificación de los placeres y los desbordes dionisiacos. (Las fiestas clandestinas, los desbordes ¿en un intento de desmentir el Covid y dominar la muerte?)

Pensando en esto quisiera tomar el concepto de contra investidura. Freud lo utiliza en el contexto de la neurosis de transferencia y de la neurosis traumática. En las neurosis traumáticas se sobre inviste la percep-

---

[1]   "El Nacimiento de la Tragedia" Nietzsche. El origen de la tragedia según Nietzsche: lo apolíneo y lo dionisíaco. (1886)

ción que se encuentra en el camino hacia el trauma, y este actúa como tapón para frenar un drenaje de energía que podría llevar al cero absoluto. **Este proceso frena la elaboración del trauma, lo neutraliza y lo auto perpetúa.** Cuando el principio de placer queda abolido lo primero que intenta el aparato es dominar el estímulo, ligar psíquicamente volúmenes de estímulo para conducirlo luego a su tramitación. **Sin embargo es distinto dominar que elaborar. Cuando la libido tiene una fijación al trauma este queda dominado, neutralizado pero no elaborado.**

Desde aquí: ¿Podríamos pensar en las enfermedades somáticas como resultado de todo esto? Teniendo en cuenta todo lo dicho anteriormente; trauma, predisposición neurótica de cada individuo en particular, un más allá del principio de placer, la contra investidura y la desmentida del trauma.

Ahora bien;

¿Qué estaba ocurriendo cuando Freud comienza a trabajar en Más allá del Principio de Placer (1920) "Después de la guerra se difundió por toda Europa una virulenta epidemia de gripe. Martha cayó enferma. Al poco tiempo Freud recibe un telegrama donde le comunican que su hija Sophie también había caído víctima de la epidemia. Sophie siempre había sido para sus padres "la hija afortunada". Sophie murió a causa de una severa gripe que degeneró en inflamación pulmonar. Aunque Martha estaba inconsolable no derramaba lágrimas; también ella enfermó. Sigmund sabía que no debía permitirse entregarse al dolor, pues Martha lo necesitaba en aquel momento. Durante los cuatro años de la guerra, habían vivido con el temor constante de que alguno de sus hijos cayera muerto en el campo de batalla; y ahora era la hija la que había sido arrebatada por la muerte. Freud continuaba investigando sobre la pulsión de muerte, desarrolla el Yo y el Ello, el concepto de Ello se remontaba a Nietzsche, pero luego Freud aclara su significación, "El ello es la parte oscura inaccesible (…) la mayor parte del conocimiento del ello tiene un carácter negativo, pues el ello solo puede caracterizarse como oposición al yo (…) no tiene ninguna organización (…) lo llamamos caos, caldero lleno de excitaciones bullentes (…) abierto a las influencias somáticas (…) solo aspira a alcanzar la satisfacción de las necesidades instintivas sometido a la observación del principio de placer". Veremos aquí cómo se relaciona con lo dionisiaco, la contra investidura y la desmentida. En ese momento comienzan los indicios de la enfermedad de Freud. Todo comenzó cuando Freud descubre una manchita de sangre Stone I.(1972) en un pedazo de pan que había mordido. Freud no le prestó atención. Aquella herida sanaría por si sola. Y así ocurrió, pero solo por un par de días, pues la lesión tornó a sangrar. Recordó entonces una vieja regla de los manuales de medicina: **Guárdate de las heridas que sangran sin dolor;**…allí es donde comienza el cáncer de Freud.

¿Podríamos pensar en la enfermedad de Freud como una contra investidura al servicio de la desmentida? ¿Y la epidemia de gripe después de la guerra? ¿Y la enfermedad de Martha que no derramaba una lagrima por la muerte de su hija? Y Freud que debía estar fuerte para consolar a Martha ¿Dónde quedó el dolor por la muerte de su hija predilecta, a dónde se dirigió el dolor?

Algunas conclusiones

Quisiera subrayar esta frase: **Guárdate de las heridas que sangran sin dolor.**

¿Lo mismo ocurrió en la Argentina y en el mundo? ¿Qué habría que hacer? ¿Tomar más contacto con el dolor? Elaborar, *"duelar"* las pérdidas, llorarlas, en vez de taparlas o desmentirlas. Hacer presente al objeto perdido por su ausencia. ¿Habría que desenmascarar a la desmentida y comenzar de nuevo?

El objetivo del psicoanálisis ya no se remite a hacer consciente lo inconsciente, tampoco se remite solamente a la palabra, como diría Mc Dougall, J. (1978) estamos más cerca de Hamlet que de Edipo.

Entonces…Quizás debamos implicarnos y ayudar a develar la desmentida; elaborar y ligar psíquicamente ese trauma social que resuena en lo individual,…quizás llorando un poco más, pero sin temor a caer en el Mar de lágrimas de "Alicia en el País de las Maravillas" Lewis, C.(1863) porque nuevamente caeríamos en el abismo de estas dos fuerzas en opuesto, lo apolíneo y lo dionisiaco. "Ojala no hubiera llorado tanto", dijo Alicia mientras nadaba en derredor intentando encontrar una manera de salir. "¡Supongo que sufriré el castigo que me merezco por haberlo hecho, ahogándome en mis propias lagrimas! ¡Eso sí que es una paradoja! Es que todo es tan raro hoy… nos dice Alicia.

Ahora bien:

¿Podríamos pensar en las estructuras narcisistas tanto en niños como adultos como resultado de estos entornos y/o eventos disruptivos?, precisamente de época de postguerra, y aquí en la Argentina luego de la época del proceso, hoy tal vez La Pandemia. Considerando las adicciones, la anorexia, la bulimia y los intentos de suicidio.

Hoy un alto porcentaje de estas consultas llegan a nuestro consultorio en función del contexto actual, la Pandemia, el coronavirus, el aislamiento, la perdida de seres queridos.

En Introducción al Narcisismo, Freud(1914) nos dice que el narcisismo primario que suponemos en el niño seria el narcisismo de los padres. "Prevalece una compulsión a atribuir al niño toda clase de perfecciones", "y a encubrir y a olvidar todos sus defectos (lo cual mantiene estrecha relación con la desmentida de la sexualidad infantil)"…

"Enfermedad, muerte, renuncia al goce, restricción de

la voluntad propia no han de tener vigencia para el niño, las leyes de la naturaleza y de la sociedad han de cesar ante él, y realmente debe ser de nuevo el centro y núcleo de la creación. "His Majesty The Baby", como una vez nos creímos. Debe cumplir los sueños, los irrealizados deseos de sus padres; el varón será un gran hombre y un héroe en lugar del padre y la niña se casará con un príncipe como tardía recompensa para la madre".

¿Es esto lo que observamos en las estructuras narcisistas?; sumado a la omnipotencia de ese niño que es centro del universo; y que responde desde el Yo ideal, respondiendo a la satisfacción inmediata de sus necesidades, no tolerando la frustración, este niño omnipotente, pero que se pierde en la imagen, se pierde en la virtualidad del espejo de sus padres.

En "La Naturaleza de Narciso" Nasón (1964) dice: "¡Crédula criatura! ¿De qué te sirven tus vanos esfuerzos por poseer la apariencia furtiva? El objeto de tu deseo no existe. Al darte vuelta desaparece el destinatario de tu amor. Nada es por sí mismo. Es por ti que aparece y persiste y sin ti desaparecería, si tuvieses el coraje de partir", exclama Ovidio. "Incapaz de apartarse, extasiado con la forma furtiva, Narciso deja de alimentarse, de saciar su sed, de dormir, y lentamente desfallece junto a la fuente del deseo, aunque secretamente regocijado del tormento, ya que se sabe dueño, de ese su otro, del que espera eterna fidelidad, cualquiera sea el desenlace".

Quisiera adentrarme en las estructuras de vacío, en las estructuras narcisistas, tan vigentes en la actualidad. ¡Podríamos pensarlas como resultado de aquellas épocas; específicamente luego de épocas de guerra. Freud comienza a hablar de pulsión de muerte y neurosis de guerra apenas terminada la primera guerra mundial.

En "La madre muerta" Green (1983) habla de situar los análisis de estos pacientes en el terreno de los problemas del duelo. Yo me pregunto, en época de guerra, ¿no se producen duelos muy difíciles de elaborar? Ese dolor que arrasa con el aparato psíquico como un rayo como dice Freud (1895) en "El proyecto de una Psicología para Neurólogos". Desde aquí me atrevo a pensar una posible forma de relacionarse de la madre con el paciente narcisista.

Como dice Green (1983)en la madre muerta, "no se trata de las consecuencias psíquicas de la muerte real de la madre, sino de una imago constituida en la psique del hijo a consecuencia de una depresión materna, que transformó brutalmente el objeto vivo, fuente de la vitalidad del hijo, en una figura lejana, cuasi inanimada, que impregna de una manera muy honda las investiduras de ciertos sujetos que tenemos en análisis y gravita sobre el destino de su futuro libidinal, objetal y narcisista. La madre muerta es entonces, contra lo que se podría creer, una madre que sigue viva, pero que por así decir esta psíquicamente muerta a los ojos del pequeño hijo a quien ella cuida.

¿Cuáles son entonces las consecuencias de esta madre psíquicamente muerta a los ojos del niño? ¿Cómo decodificará los pedidos de este niño? Es una madre que está y no está al mismo tiempo. Es una madre que podría estar desde lo físico pero no desde lo psíquico.

En Naturaleza de Narciso, Nasón (1964) dice: "Liríope lleva consigo el fruto del amor impensado, antes feliz y tranquila, su vida es ahora de tristeza y murmurios a la sombra de los bosques". ¿También en el mito de Narciso podríamos observar una depresión en el embarazo? O bien una madre sumergida en una depresión materna por impacto de lo disruptivo. Ya sea por la pérdida de un ser querido, por la pérdida laboral, por la pérdida de certezas…

Ahora bien ¿qué ocurre cuando el niño mira el rostro de la madre, intentando encontrar un auxilio ajeno, tal vez que lo ayude a sobrellevar la intemperie, buscando un espejo en el cual reflejarse y constituirse como sujeto?

Winnicott (1967) retoma el estadio del espejo, en Realidad y Juego, y nos habla del papel del espejo de la madre y la familia en el desarrollo normal del niño y allí se pregunta "¿Qué ve el bebé cuando mira el rostro de la madre? Yo sugiero que por lo general se ve a sí mismo... la madre lo mira y lo que en ella aparece se relaciona con lo que ve en él... Pero muchos bebes tienen una larga experiencia de no recibir de vuelta lo que dan. Miran y no se ven a sí mismos. Surgen consecuencias". Él bebe buscará diferentes formas para responder al rostro inmóvil de la madre. Una de ellas es cuando el bebé empieza a hacer un pronóstico de la madre dice Winnicott (1967): "Ahora puedo olvidar el talante de mamá y ser espontáneo, pero en cualquier momento su expresión quedará inmóvil o su estado de ánimo predominará y tendré que retirar mis necesidades personales, pues de lo contrario mi persona central podría sufrir un insulto". **Ello provoca una amenaza de caos.** Si el rostro de la madre no responde, un espejo será entonces algo que se mira y no algo dentro de lo cual se mira.

Narciso busca desesperadamente su rostro en el estanque, alguien que le devuelva su existencia; sin embargo creyendo que es otro se queda cautivo en la especularidad de sí mismo. **Y desde allí estos niños y jóvenes actuales se refugian en el gran Otro tecnológico pero que de alguna manera los deja** en desamparo, aumentando la amenaza de caos.

Winnicott (1967) termina hablando de la psicoterapia y dice:" La psicoterapia es un devolver al paciente lo que este trae. Es un derivado complejo del rostro que refleja lo que se puede ver en él. (...) el paciente encontrará su persona y podrá existir y sentirse real. Sentirse real es más que existir: es encontrar una forma de existir como uno mismo y de relacionarse con los objetos como uno mismo"...

De esta manera hoy nuestro trabajo *"On line"* con nuestra escucha atenta y nuestra mirada contenedora, permitirá tal vez ser un espejo donde el paciente pueda reflejarse y desde allí a través de la mirada del analista... se pueda encontrar a sí mismo.

Sería como pedirle al otro que sean testigos de su existencia, las enfermedades de vacío aparecerían como marcadas por una ausencia. Lo que quedó como presencia es la ausencia. Hay un no-reconocimiento. Como un aborrecimiento de sí. Como un convencimiento de que el amor es incierto y el odio es siempre seguro. ¿Por qué? ¿Por ese hijo fruto del amor impensado como en Narciso? También agrega que hay algo con respecto a la culpa, como una necesidad de castigo. En el mito de Narciso podemos ver que al borde del desconsuelo, pone fin a su drama hundiéndose una daga en el pecho. Eco lo sigue en la aflicción duplicando sus Ay, Ay, Aunque Narciso no atisba en lo igual que escucha a lo distinto y melancólicamente termina en el suicidio.

En el mito de narciso el mimetismo de Eco aparece como la resonancia de la madre suplicante. Este niño que le devuelve la luz al semblante de esta triste madre. Retomando a Green seria reanimar a esta madre muerta, animarla, darle vida y alegría.

"Desmentido lo siniestro la aparente mansedumbre de la realidad nos tienta, al igual que Narciso, como el lugar concreto del objeto imposible". Naturaleza de Narciso, Nasón.

Entonces: ¿Podríamos pensar en estas madres que al ser obturadas por efecto de lo traumático dejan al niño o al joven en cierto desamparo?

Joyce McDougall (1978) en La matriz del psicosoma pag.49, va a decir que las investigaciones de estos últimos años sobre la relación madre-hijo han demostrado que la comunicación puede interrumpirse no solo por cierta sensibilidad del niño **sino también por ciertas dificultades de la madre en comprender e interpretar las necesidades del niño, o por problemas internos de la madre o por acontecimientos externos catastróficos como la muerte de un ser querido, las guerras, holocausto, hoy ¿El coronavirus, frente a la pérdida de un ser querido, frente a la pérdida de trabajo, frente a tanta incertidumbre?**

Para concluir, ¿Cómo elaborar el dolor del desamparo? De las guerras, del exilio, del terrorismo de Estado, de los trastornos del espectro autista, del coronavirus actual con todo lo que ello implica; pérdida de nuestros seres queridos en aislamiento, pérdida del trabajo, pérdida de las certezas o esperanzas.

El dolor sin nombre del desamparo.

Un dolor que arrasó con la pantalla protectora anti estímulos y dejó al niño o al adulto en total desamparo. Laplanche (1994) insistía mucho en no separar el concepto de desamparo tal como aparece en Freud (1889) ("HILFLOSIGKEIT") con el de la primera vivencia de satisfacción. Según él, era un binomio que había que tener siempre presente. El sello indeleble de esa mítica primera experiencia de satisfacción no sería tal, si no hubiésemos nacido todos en el estado de desamparo o indefensión. Freud (1923) diferencia un desamparo motor (incapacidad para realizar la acción específica por prematurez neurológica del recién nacido) del desamparo psíquico con el incremento de la tensión de necesidad. Es decir que el desamparo es inherente a la condición humana, y en ninguna otra especie es tan absoluto y devastador si no acude ese otro primordial que sea capaz de "leer" nuestro berreo y pataleo y le dé sentido de demanda o llamada de auxilio. De ahí que ese desamparo originario y constitutivo es el prototipo de la situación traumática generadora de angustia (ausencia materna).

Hoy nos confrontamos con un nuevo Desamparo Mundial, el COVID-19; recordemos la Historia y aprendamos de la Experiencia, para que este gran Impacto disruptivo no se nos torne traumatogénico. Alojemos el Dolor, arropemos el Desamparo.

Pensado de esta manera tal vez…La Peste y el Psicoanálisis permitirán ambos una transformación tanto individual como social que desde un nuevo o conocido paradigma nos permita ir de la desesperanza de la "catástrofe a un cambio catastrófico" Catz, H.(2020) en el sentido de la evolución y la esperanza.

Bibliografía:

* Benyakar M (2003): *Lo Disruptivo*- Buenos Aires- Editorial Biblos-
**Catz Hilda y colaboradores. (2020): *Psicoanálisis de Niños y Adolescentes. Trabajando en Cuarentena en tiempos de la Pandemia*-Ediciones Ricardo Vergara-Buenos Aires Argentina-2020. Tomo I, II, III y IV

Freud, S. (1914): Introducción del Narcisismo – *Obras Completas* – Tomo
 XIV – Buenos Aires – Amorrortu editores-1979

_ _ _ _ _ _ (1920): Más allá del Principio de Placer – *Obras Completas* –

 Tomo XIV – Buenos Aires – Amorrortu Editores – 1979

_ _ _ _ _ _ (1926a): Inhibición, síntoma y angustia – *Obras Completas*
 Tomo XX – Buenos Aires – Amorrortu Editores -1979

_ _ _ _ _ _ (1950 [1895]): Proyecto de Psicología – *Obras Completas* –Tomo I
 Buenos Aires – Amorrortu Editores - 1986

Green, A (1986): *De Locuras Privadas* – Bs. As. – Amorrortu editores – 2001

Green, A. (1983): Narcisismo de vida. Narcisismo de muerte- Amorrortu editores- Bs. As. 1986

Lewis Carroll   (1863)   "Alicia en el país de las Maravillas" Ediciones Colihué SRL, 1996 -

McDougall, J. (1978) *"Alegato por una cierta anormalidad"* - Edit. Paidos-1996- Buenos Aires
 "La matriz del psicosoma"

Rodrigué Emilio, (1996) *Sigmund Freud, El siglo del psicoanálisis*, Editorial Sudamericana, Buenos Aires 1996. Tomo I y II.

Ovidio Nasón Las Metamorfosis, "Naturaleza de Narciso" en Las Metamorfosis, Libro III, Barcelona, 1964...

*Stone Irving, *"Pasiones del Espíritu"*(1972) Editorial Emece, Buenos Aires 1972.

 Winnicott, D_ W (1956) Preocupación maternal primaria en *Escritos de Pediatría y Psicoanálisis* – Barcelona – Editorial Laia – 1979

_ _ _ _ _ _ (1967b): Papel de espejo de la madre y la familia en el desarrollo del niño; en Realidad y Juego – Gedisa editorial – Barcelona 1979

_ _ _ _ _ _ (1969b) La experiencia de mutualidad entre la madre y el bebé en *Exploraciones Psicoanalíticas I* – Buenos Aires – Editorial Paidós 1991

_ _ _ _ _ _ (1971): *Realidad y juego*-Gedisa editorial-Barcelona- 1979

María Pía Isely

Licenciada en Psicología, Universidad del Salvador. 1993 Psicodramatista, de Psicodrama Psicoanalítico Grupal de Eduardo Pavlovsky
Especialista en Clínica Psicoanalítica de Niños y Adultos y Coordinación y Terapia de Grupos. Otorgado por la Fundación Ciap en 1998
Directora y coordinadora de Hope Centro Psicoanalítico.
Concurrente invitada de APA. En el Equipo de Niños y Adolescentes y en el espacio Bion.
Maestranda en Psicoanálisis USAL APA
Doctoranda en Psicología. USAL- APA. Lo Disruptivo
E-mail: iselymariapia@yahoo.com.ar

La pandemia y las expectativas de cambio

Mirta Iwan

Me he acostumbrado a considerar las pasiones humanas como el amor, el odio, la ira, la envidia, la ambición, la compasión, y todas las otras alteraciones del ánimo no como fallas de la naturaleza humana, sino como propiedades de la misma, como algo que pertenece a su esencia, de manera análoga a como el calor, el frio, las tormentas, los truenos, y otros fenómenos similares – que si bien resultan incomodos son también necesarios y poseen causas definidas – forman parte de la naturaleza del aire.
Baruch Spinoza (1677)

"La cultura consistió en un proceso al servicio del EROS que a lo largo de la historia, fue uniendo a la HUMANIDAD toda. A este desarrollo se opuso y se opone, la pulsión de muerte que actúa en cada sujeto. De esta manera concluye Freud – La cultura es la lucha por la vida de la especie humana"[1]

Frente a la Pandemia, entramos en crisis. Un virus que muta, nos interpela: ¿Nosotros podremos mutar? ¿Podremos hacer nuevas transformaciones en nuestra subjetividad? ¿Cómo serían los cambios a realizar como sujetos, para llegar al bien-estar en relación al mundo que nos rodea? ¿Qué dirección debemos tomar?

Atravesamos una Pandemia, tan compleja como nuestra sociedad. Sabemos que necesitamos del otro, que el aislamiento social perjudica nuestra subjetividad. Muchas de nuestras rutinas cotidianas se han visto alteradas, llevándonos a nuevas prácticas adaptativas para poder so-

---

[1] Registro de lo negativo. Enrique Carpintero. El cuerpo como lugar del inconsciente. Topia Editorial. 1999.

brevivir. ¿Buscaremos las transformaciones humanas que nos permitan recuperar el bien-estar en la cultura? ¿En qué deberíamos apoyarnos para salir aún mejores de esta Pandemia? La peste nos mostró al desnudo lo que nos negábamos a ver, llevados por nuestras aceleradas vidas, características de la sociedad de consumo: la inequidad, la discriminación, la exclusión de grandes masas de niños y niñas, sumidos en la pobreza, entre otras miserias.

Hilda Catz (2020) en su II libro sobre Pandemia y Post-Pandemia, escribe sobre el tema de transformaciones e invariancias y nos dice que:

"...Tenemos que tener en cuenta la sociedad en que se vive y lo obvio, el sentido común, que según las posibilidades y las costumbres de cada grupo o clase social frente a la cuarentena, y a la post-cuarentena, contará con recursos y espacios diferentes para poder afrontarla. Pero por sobre todas las limitaciones es necesario poder tolerar la exigencia y la urgencia inusitada de plasticidad psíquica ya que lo que se hacía de determinadas maneras está en permanente cambio, incluyendo las creencias individuales y los mitos que tiene cada cultura ; nos demanda el coraje de poder ir aceptando nuestra fragilidad y angustia para poder descubrir y sostener la invariancia (Bion 1970) que hay en toda posibilidad de cambio catastrófico (Sor y Senet 1988) que desde nuestra perspectiva se apoyaría en la mirada psicoanalítica que pueda armar un continente, un aparato para pensar lo impensable que ayude a modificar la angustia de no saber, en la incertidumbre de lo que estamos viviendo..."

Tal vez deberíamos partir del "No sé" con la humildad que estas palabras encierran. Repensar las formas en que nos ponemos en contacto con el sufrimiento de nosotros mismos, y de los demás. Revisar nuestros pedazos sueltos, ¿Por qué no integramos nuestro decir con nuestro pensar y nuestro hacer?

Michael Eigen expresa:"--qué alivio cuando alguien dice: No sé, espera. Hay más por aprender. Hagamos una apertura al aprendizaje".

No recuerdo una sola declaración pública de incertidumbre y necesidad de deliberación en las altas decisiones del Gobierno en los últimos 8 años, decisiones trascendentales que afecten vidas, cuerpos, almas (escribo esto en Octubre de 2008, en el umbral de cruciales elecciones presidenciales en los EE.UU".)[2]

Reconocernos como criaturas equivocadas en el transitar por nuestro planeta, sería un movimiento muy importante. Sería cambiar de actitudes, mutar a otros estados de mayor conciencia de quiénes somos y qué hacemos. Sobre todo cómo miramos a nuestras infancias y adolescencias, a las generaciones venideras. Ellas son "los nuevos y nuevas" los que recién llegan y sienten miedo a lo desconocido. Los adolescentes son como los miramos. Lamentablemente en nuestra sociedad, los jóvenes suelen ser percibidos como peligrosos, rebeldes, haraganes.

En realidad tendríamos que incorporarlos como si fueran niños y niñas que están descubriendo el mundo adulto. Y de ese modo, tomarles de la mano y acompañarles en esa travesía. Así también, motivarles para que se animen a explorar, para que se enamoren de la vida, y del conocimiento. Ellos y ellas portan un gran potencial humano y si nos acercamos con respeto y amorosidad, sin miedo a mostrar nuestra propia debilidad e ignorancia, haciendo una apertura al aprendizaje, nos encontraremos con su esencia. Recién allí, bajarán los muros que levantaron para protegerse. Así es probable que los jóvenes copiando nuestras formas, nos respondan muy bien. Esto es lo que la experiencia nos ha demostrado.

Una viñeta tomada de una Escuela de Enseñanza Me-

---

[2] Contac with the Depths. Michael Eigen. Traducción del grupo Bionpost Bionianos, de APA. 2021.

dia, en un barrio carenciado, nos servirá para graficar estos comportamientos:

"La Pesadilla"

Cuando una joven Profesora entró a dar clase por primera vez, a un curso de 25 alumnos, aproximadamente, la recibió en la puerta del aula, la Preceptora, quien le dijo:

-Te aviso que te tocó un grupo muy difícil. La Profesora que vos vas a reemplazar está con licencia, porque recibió un golpe en la cara. Ante el estupor de la suplente, agregó: - No es que quisieron pegarle a ella, sino que se estaban peleando violentamente y ella intervino para separarlos. Fue allí que recibió un golpe. Antes de retirarse, le dijo a modo de advertencia: - No creo que puedas dar clase, lo más importante es que no se peguen, que no se lastimen.

Cuando la Profesora ingresó al aula, sintió que el clima social del grupo, era de tensión y violencia. También percibió miedo y un silencio forzado en las cuatro alumnas sentadas en los primeros bancos del frente. Se preguntó si tal vez, se había equivocado en la elección de su carrera. La Literatura le fascinaba, escribir también, pero lidiar con estos problemas de conducta, la hacían sentir impotente. Sus expectativas favorables se diluían en un mar de incertidumbre. Antes de darse por vencida, decidió romper el silencio y hablar. Les pidió por favor que la escucharan. Y cuando la mayoría se aquietó, les confesó sus verdaderos sentimientos: que se sentía muy mal, triste, porque "no sabía" si iba a poder dar la clase, como ella se la había imaginado. Que ellos eran sus primeros estudiantes, que ella era nueva en la Profesión docente. Que les había seleccionado un cuento corto para leerles, y comentar luego, para saber si a ellos y ellas, les había interesado. Y de esa manera, empezar a conocerles. Sólo un alumno de la segunda fila, le pidió que lo lea, preguntándole al mismo tiempo, ingenuamente, si conocía a un escritor llamado Sábato. Mientras le respondía sonriendo y afirmativamente, se animó a tomar el libro de su cartera, y empezar a leer en voz alta, "La Pesadilla", un cuento corto de Jorge Luis Borges. Al terminar de leer le preguntó a cada uno, con la mirada atenta, si ellos, al igual que el autor, también tenían pesadillas. La pregunta funcionó como un disparador que abrió la conversación. Y fue respondida de inmediato, por una de las alumnas del primer banco.

-Yo tengo una pesadilla Profe, pero cuando estoy despierta.¡ Tengo miedo¡. – Tengo miedo que me violen, porque...Y así fueron tomando la palabra uno tras otro, nombrando pesadillas asociadas al hambre, al abandono, al maltrato físico, a la desocupación, a la cárcel y a la muerte.

Cuando tocó el timbre y se disponía a salir del aula, varios estudiantes se acercaron a preguntarle si el martes, les podía leer, otra vez, el mismo cuento.

Pasado el primer momento de asombro, la Profesora se fue pensando que era lo mismo que le pasaba a ella con las lecturas que habían sido importantes, que de algún modo la habían transformado. Y sintió que tenía mucho para dar...Y recordó al mismo tiempo, las palabras escuchadas más de una vez, durante su formación, en el Instituto del Profesorado: "Nuestra labor es comenzar una y otra vez para que la enseñanza fluya a través de la muerte, buscando la vida".

La Pandemia: un desafío para los Padres y los Docentes.

*"En principio, deberíamos poner en tensión precon-
ceptos y supuestos de los adultos, que frecuentemente piensan que los jóvenes no tienen "nada que decir".*
Los relatos giran en torno al consumo, a la violencia, y al
abandono, en un contexto de pobreza, dando cuenta de la
desorientación, el desamparo, y la soledad que padecen,
donde la escuela se transforma en un lugar posible para
la construcción de un proyecto de vida, a partir de un
espacio que los aloja, los escucha y los sostiene. Resulta
interesante compartir las preguntas que hacen los adolescentes a sus profesores en la actualidad, según un escrito
de autor anónimo que llegara a nuestras manos: [3]

¿Profe, la pastilla del día después es abortiva?

*Profe, creo que mi novia está embarazada, no
sé qué hacer.*

Profe, ¿Tenés algo para comer? Hoy no comí.

Profe, mi Papá le pega a mi Mamá.

Profe, me fui a vivir con mi Abuela.

Profe, ayer me robaron.

*Profe, voy a dejar la escuela, necesito trabajar
para mantener a mi bebé.*

*Mamá, digo, Profe. Profe, mi mamá me echó de
mi casa.*

*Profe, me van a cambiar de escuela, pero no
quiero.*

Profe, ¿viste que le pegaron a los Maestrxs?

Profe...Profe...Profe..."

La escuela ocupa un lugar donde el estudiante recibe
contención. Frente a un mundo hostil y deshumanizante,
son los docentes, directivos y profesionales de los equipos de orientación escolar, los que pueden identificar los
conflictos, muchas veces graves, habilitar la escucha y la
palabra, y generar espacios de protección. Es importan-

---

[3]　　　Extraído del artículo "Los cambios sociales y sus consecuencias en
las adolescencias hoy". Autores Mirta Iwan y Viviana Maltti. Revista Editorial Noveduc N°47. Año 2018.

te tomar al adolescente como un sujeto creador, con todas las posibilidades de generar cambios en el entorno. La situación crítica que vivimos a partir de la Pandemia, nos obliga a hacer un replanteo de nuevos recursos para poder armar un proyecto pedagógico que tienda a revalorizar a los sujetos participes del proceso enseñanza – aprendizaje.

El gran desafío hacia el futuro es que logremos el respeto y la valoración por la educación pública. Se trata de poner en valor el derecho de los y las estudiantes al acceso a una educación igualitaria y el derecho de las y los trabajadores de la educación a un trabajo en condiciones dignas y jerarquizadas.

Profesores y estudiantes estamos en plena Pandemia en escuelas en movimiento, mutando entre lo viejo y lo nuevo, donde confluyen prácticas conservadoras con otras innovadoras, resistidas por unos y defendidas por otros. Se trata de seguir con vida, de enfrentar los embates de la crisis frente al peligro de destrucción al que nos conduce la sociedad de consumo en su ritmo caótico y desenfrenado. Es momento de reflexión y de creación de nuevas posibilidades para los más jóvenes, que permitan desplazar la pulsión de muerte y dar lugar a la Esperanza. En síntesis, se trata de recrear una Educación que proclame valores Humanos.

Bibliografía

Enrique Carpintero (1999). *Registros de lo negativo. El cuerpo como lugar del inconsciente, el paciente límite y los nuevos dispositivos psicoanalíticos*. Buenos Aires. Topia Editorial.

Enrique Carpintero (2003) *La alegría de lo necesario. Las Pasiones y el Poder en Spinoza y Freud*. Buenos Aires, Topia Editorial.

Hilda Catz y colaboradores (2020).*Trabajando en Cuarentena en épocas de Pandemia y de Post Pandemia. Transformaciones e invariancias*. Buenos Aires. Ricardo Vergara Ediciones.

Mirta Iwan y Viviana Maltti (2018). Los Cambios Sociales y sus consecuencias en las Adolescencias Hoy. Buenos Aires. *Revista de Educación Noveduc*.

Carina V. Kaplan (2009) *Buenos y Malos Alumnos. Descripciones que predicen*. Buenos Aires. Aique Educación.

Ana P. de Quiroga (1986) *Enfoques y perspectivas en Psicología Social*. Buenos Aires. Ediciones Cinco

Lic. Mirta Iwan

Graduada en Ciencias de la Educación (UBA)
Graduada en Psicología social (Primera Escuela Dr. Enrique Pichón Riviére)
Psicopedagogía Clínica con orientación en Psicoanálisis de Niños y Adolescentes.
Formada en la Observación Psicoanalítica de Bebés en la Asoc. Psicoanalítica Argentina (2014-2018)
Co-fundadora y Directora de la Escuela Infantil Mi Grupito.
Dirección General de Enseñanza Privada. Secretaria de Educación, CABA.
Colaboradora del Departamento de Niños y Adolescentes de APA.
Ex Profesora de Cátedras en UBA e Institutos de Formación Docente del interior y de CABA.
Docente invitada en el curso-taller de "Psicoanálisis y Educación" del Centro De Estudios de APA, 2019.
Participación activa en Jornadas y Congresos de Salud y Educación en el País y el exterior.
Artículos publicados en Topia, Noveduc y otros.
Coautora de los libros: Catz, Hilda et al. (2020) *Psicoanálisis de niños y Adolescentes. Trabajando en cuarentena en épocas de Pandemia.* Buenos Aires: Ricardo Vergara Ediciones.
Catz, Hilda (2020) *Las redes humanas, lo humano de las redes.* Tomo 3. Buenos Aires. Ricardo Vergara Ediciones.
Catz, Hilda (2020) *Trabajando en cuarentena en épocas de Pandemia y Post-Pandemia.* Buenos Aires. Ricardo Vergara Ediciones.
Catz, Hilda y colaboradores.(2020). *La Pandemia y después...una mirada Psicoanalítica.* Buenos Aires. Ricardo Vergara Ediciones.
Carlos Tewel (2020).*Crisis en las Parentalidades.* Ricardo Vergara, Ediciones.
Miembro Concurrente de APA. (Asociación Psicoanalítica Argentina)
Miembro Titular de ALOBB.
Miembro titular FORUM Infancias Red Federal.
Comisión Clínica y Educación. Comisión Primera Infancia.
Comisión de Políticas Públicas (FORUM Y APIABA)
E-mail: mirtaiwan@yahoo.com.ar

> *De las astillas que recibe*
> *La lengua a su manera*
> *Con las reglas de su pasión*
> *-y de eso, ni Emmanuel Kant estaba exento*
> Juan José Saer

Nueva figura de la práctica psicoanalítica

¿Podemos desanudarnos de los modelos tradicionales de nuestra práctica, o podemos amalgamar las transformaciones para la creación de algo nuevo?

Marta Lago

Una de las discusiones más frecuentes que leemos o escuchamos dentro del mundo científico o intelectual de nuestros días, por el efecto de la pandemia que asoló al mundo, es "si este acontecimiento puede significar el fin del humanismo y el dejar atrás el pensamiento moderno". ¿Estamos en las postrimerías de un nuevo mundo o sólo asistimos a ciertas transformaciones o variantes de esa imagen moderna? Pienso que la nueva figura que está apareciendo no reemplaza abruptamente a la antigua, pero es probable que una nueva época histórica se nos esté acercando y que se nos proponga pensar que esta "nueva normalidad" no es más que otra obra en *El gran teatro del mundo como dice Calderón de la Barca.*

En esta sociedad paradojal donde cierta inmovilidad se acompaña con grandes cambios, me pareció interesante hacer la genealogía de algunos casos clínicos y proponer a los lectores el rever algunas cuestiones de la clínica.

Dejo algunos interrogantes:

¿Cuáles hubieran sido las variantes si estas entrevistas

se hubieran dado on line en lugar de presencial?¿Qué posibilidades o imposibilidades se hubieran generado?

Y fundamentalmente ¿tendríamos el mismo diagnóstico y teorización hoy que hace 20 años(momento que atendí este paciente)? Tal vez, es mejor poner en juego nuestra mirada actual y sus transformaciones sobre un caso clínico. Los invito a leer….lo que yo llame: *La casa del terror*

No me es fácil sintetizar mis impresiones acerca de Federico cuando llega al Centro Médico en el cual atendía derivado por una docente del colegio privado católico al que concurría desde ese año. Tiene 13 años y cursa por segunda vez primer año de la escuela secundaria. Voy a transcribir algunos párrafos del informe personal escrito por la docente que me parecen muy importantes para comprender lo que le está pasando….

El alumno presenta problemas de adaptación al grupo de pares, casi no habla y cuando le dirigen la palabra mira al suelo…La escritura es indescifrable. Parco, serio, estructurado en sus opiniones, juzga duramente a los demás…Se mantuvieron varias entrevistas con la madre quien se niega a reconocer las dificultades de Federico.

En la primera entrevista concurre ella solamente y dice:

Federico es muy inteligente. Le va mal en la escuela porque no se preocupa por estudiar. Se pasa todo el día encerrado en su cuarto escuchando radio porque no le atrae la televisión. No hace nada. No lo dejo salir porque tengo miedo…

Tuvo atención psicológica en un hospital de la zona por orientación de la docente y el pediatra, pero la madre se mostró disconforme con la terapeuta a la primera entrevista porque le preguntaban "muchas cosas", y porque no le gustaba que hablaran a solas con Federico"

Cuando Federico repite 1er año, la escuela le exige la

intervención de un profesional para poder continuar sus estudios.

En una segunda entrevista, por mi pedido, vinieron el padre y la madre.

Habló la mamá, casi todo el tiempo, con un tono monocorde y desafectivizado:

Le cuesta estudiar, muy rebelde, agresivo, viene nervioso de la escuela. Hay momentos que tartamudea. No habla en la escuela. No quiere tener amigos. Pasa de año con la ayuda de una maestra particular. Cambió tres escuelas. La primera la dejó porque Federico "tomaba mucho frío a la mañana" y la segunda porque era muy cara.

El papá:

Federico arma y desarma cosas y lee mucho la revista Muy interesante.

Al finalizar la entrevista, les pregunto si tienen algo más que consideren importante contarme...

Hay que ser sinceros, estamos separados

Federico me impresionó físicamente, voy a tratar de transmitir lo que sentí: Cabeza muy grande, movimientos "simiescos", vestido como un chico de los años sesenta, pantalones cortos, camisa y pullover sin mangas. En el corto tiempo que trabajamos juntos, nunca sonrió. Siempre eligió dibujar y escribir...

Fig. I
Una computadora sobre la mesa

No agregó nada más. Ante mis preguntas habituales acerca de los dibujos, a la manera de los sueños como propone Marisa Rodulfo en el texto El niño del dibujo (1993), hace silencio, y no responde. Otro día, otro dibujo...

Fig. II

Una vez un loro desapareció de la casa de sus dueños porque quería ser libre. Ese loro un día quiso comer una manzana. El loro estaba comiendo una manzana y de repente aparece un gato queriéndolo comer al loro, huyó de allí y se fue a un zoológico que estaba cerca de allí porque quería conocer otros animales. Cuando llegó, fue a la jaula del águila y el loro se hizo amigo del águila y entró a la jaula del águila y allí se quedó.

Le digo.

-Qué interesante! Esta historia me hace pensar en vos, viniendo acá para conocer acerca de vos, lo que te está pasando.... Ahora nos queda hacernos amigos....

Sentí que me estaba diciendo: quiero ser libre, no puedo hacerlo porque siento que me devoran. Voy a terapia-jaula y ahí encuentro a Marta-águila y me hago amigo, pero encerrado con un águila?.

Empezaba a crearse un espacio de confianza podríamos decir relativa.

Fig. III

Una vez un hombre se fue a vivir a una casa abandonada, una del terror. Cuando el hombre dormía se le aparecieron fantasmas, momias. Al día siguiente sintió que golpeaban la puerta y él la abrió y no vio a nadie, entonces se asustó y se escondió en una habitación, allí el hombre encontró a un fantasma que le dijo: Vete de esta casa y el hombre armó sus valijas y se fue inmediatamente de esa casa corriendo y con susto.

Le dije:
-Qué miedo que dan esos monstruos dentro de la casa, dan muchas ganas de huir

Concurro a la escuela para conversar con los docentes y me comentan lo preocupados que están por las conductas extrañas de Federico.

En esa entrevista me agregan más información sobre la familia. "La familia de Federico vive en una casa enrejada y, por comentarios de vecinos, no permiten que nadie se les acerque, hasta llegaron al extremo de amenazar con armas de fuego".

Los docentes se sentían muy preocupados. Les propuse hablar con los padres y solicitar una inter-consulta psiquiátrica, para hacer una evaluación, lo cual no era excluyente de la continuidad del tratamiento que estaba realizando conmigo.

En la siguiente sesión le comento a Federico que había ido a la escuela y que todos están muy preocupados por él

Me contesta:

-Quiero estar tranquilo. No tengo amigos, no vienen a mi casa porque son malos.

No voy a la casa de nadie

En el transcurso de esa sesión no quiso hacer nada

La sesión siguiente la madre quiso hablar conmigo antes de comenzar a trabajar con Federico. Estaba muy alterada!!! Angustiada!!! y casi no podía respirar!!!

Me dice: -El papá pasó por la escuela y le dijeron que continuaban los problemas con Federico. Después vino a mi casa a gritarme. No me pasa la cuota por alimentos y no se preocupa por su hijo.

Le propuse una entrevista con ella y el padre para conversar sobre Federico.

La última sesión...

Fig. IV

El universo con los nueve planetas, Mercurio, Venus, Tierra, Marte, Júpiter, Saturno, Urano, Neptuno y Plutón. Con el sol, estrellas y constelaciones, vía láctea y un cohete aterrizando en un planeta desconocido. El co-

hete fue lanzado por la tierra para hacer estudios sobre la Luna tuvo unos inconvenientes y se fue a otro planeta no conocido, allí impactó y explotó por problemas eléctricos.

Le pregunto:
-¿Qué será ese lugar, qué encierra, por qué tiene monstruos y parece que se va a explotar todo?

Tengo otra entrevista con los padres donde les sugiero la interconsulta y la madre "insiste" que es un problema de "carácter", el padre "insiste" en que le diga sobre la gravedad del cuadro.

Federico no viene más a las sesiones y un día el padre pide una entrevista y comenta que aún no habían ido al psiquiatra y que no quería venir a las sesiones. El atribuía estas conductas a la madre y a su familia. Contó que Federico vive con la mamá y la abuela, que ésta familia no tiene relaciones con otras personas porque creen que les van hacer daño. Hacía un tiempo había fallecido el hermano menor de la madre a quien todos recuerdan permanentemente y lo asocian a Federico en su personalidad. Las decisiones las toman los abuelos y él es considerado persona no grata. Se separaron al poco tiempo de nacer Federico. Habían tenido dificultades para tener un hijo pero cuando lo lograron la pareja ya estaba deteriorada. Le propongo hablar con su hijo, participar más en la vida de él e insistir en que haga un tratamiento por la gravedad de su estado.

A la semana siguiente…

Tengo otra reunión con el padre y me comenta que está asustado porque descubrieron a Federico haciendo fogatas en la casa.

Vienen a colación las palabras de Freud (1933) *"Se demostró que el niño es un objeto muy favorable para la terapia analítica; los éxitos son radicales y duraderos. Desde luego es preciso modificar en gran medida la téc-*

nica de tratamiento elaborada para adultos. Psicológi-camente el niño es un objeto diverso del adulto, todavía no posee un superyó, no tolera mucho los métodos de asociación libre, y la transferencia desempeña otro papel, puesto que los progenitores están presentes.

Las resistencias internas que combatimos en el adulto están sustituidas en el niño, las más de las veces por dificultades externas. Cuando los padres se erigen en portadores de la resistencia, a menudo peligra la meta del análisis….por eso suele ser necesario aunar al análisis del niño algún influjo analítico sobre sus progenitores"

Marco teórico

Patologías graves que nos ubican ante una cuestión, que no es sólo nosográfica sino que, obligan a una revisión de la teoría para diagnosticar y atender a estos pacientes púberes con un psiquismo vulnerable y sujetos a devenires terapéuticos iatrogénicos. Creo que es necesario encarar lo que sucede a estos pacientes con todas las contradicciones que tenemos los que estamos implicados en el camino de la práctica psicoanalítica; para que nuestro esquema referencial teórico no obture los enigmas que la clínica nos plantea.

Federico se presenta con severos riesgos en su estructuración psíquica puberal que requiere que se tomen en consideración, no sólo los aspectos subjetivos sino también la dinámica familiar y el lugar del niño en la economía libidinal de los padres. Podemos pensar que el niño con un trastorno grave está más que cualquier otro, prisionero de una palabra que da fe y es ley, palabra única, discurso a una sola voz, la de una madre o un padre. Atrapado en el sitio de las conminaciones repetitivas que retoma en eco, está "preso" en su totalidad en una cadena significante primitiva que prohíbe la apertura dialéctica (Lacan, Seminario XI Pág.57).

Nos encontramos con una organización mental comprometida en un proceso con fijeza de intereses (escuchar radio y leer la revista "Muy interesante" exclusivamente) y modos de interacción primitivos con los semejantes que le permiten evitar una desestructuración masiva o un temor al derrumbe.

Intentemos retomar lo más fecundo del pensamiento psicoanalítico para redefinir la clínica de los pacientes graves, y en particular, en la infancia por una doble responsabilidad: las que nos compete como analistas y herederos de una teoría que guarda enormes recursos conceptuales para comprender la psiquis y evitar una oxidación que traba su movimiento, y aquella que como sujetos sociales nos obliga a ser garantes de la salud mental y de las perspectivas pensantes de la postmodernidad.

Algunas Conclusiones

Retomemos los interrogantes planteados al inicio de este trabajo. En este encuentro con la escritura sobre un caso clínico, surgen muchos interrogantes ante la vivencia de Federico de una casa del terror, como también haber elegido este trabajo para hablar del terror, de cómo Federico se defendía de su temor a un derrumbe, restringiendo su crecimiento y evolución. Derrumbe que ya había acontecido como dice Winnicott.

Un tema muy controvertido, que se agudizó durante esta pandemia, fue: El reemplazo obligatorio de lo presencial por el uso del ordenador para las sesiones con nuestros pacientes. Múltiples interrogantes se hicieron presentes en esta especie de mutación de un espacio analítico a otras formas de instituirlo y a los riesgos o posibilidades que traen aparejados tanto para el paciente como para el analista.

Por ejemplo: ¿Hay que suponer que la relación terapeuta paciente pierde esa supuesta "pureza" analítica si nos conectamos por zoom con nuestros pacientes? ¿Todos los pacientes pueden ser tratados a través de un medio digital?. ¿Qué hubiera pasado con Federico?

Pienso que para Federico tal vez esa ventana que abre el ordenador y entra dentro de la casa podría haber aumentado la emergencia de los aspectos psicóticos de su personalidad por la visibilidad que implica la pantalla del funcionamiento de la intimidad familiar. O por el contrario también podemos pensar que se hubiera sentido más a resguardo desde su casa, como muchos pacientes, más protegido en el comienzo del tratamiento, sin tener que sentirse con la terapeuta como en la "jaula del águila", atrapado. Tal vez habría fluctuado entre ambos sentimientos teniendo en cuenta la complejidad, de lo que estamos planteando y también viviendo en este período de Pandemia.

En lo que hace a los diagnósticos y sus discursos podríamos pensar que las manifestaciones de las diferentes patologías encontraron hoy otras formulaciones en mensajes que se dirigen al otro bajo los significantes de la época. En algunos casos podría pensarse que bajo las nuevas tecnologías nuestros pacientes encuentran otras formas de expresar sus sufrimientos, esperando de esta manera ser mejor escuchados y también ser acompañados.

El homo digitalis habita simultáneamente muchos espacios y navega sin identidad privada por la web, disolviéndose con la misma prisa que teclea o toca una pantalla. Esta revolución tecnológica cambió también la comunicación y la forma de interactuar con el otro. Pienso que hoy los binarismo tienden a disolverse en los discursos intelectuales y que del paradigma digital/ presencial no escapan nuestros pacientes. Como nos dice (Byung Chul Han, 2000), la nueva masa en la actualidad es "el enjambre digital"

Desde mi perspectiva sostengo que aunque los escenarios son distintos las tragedias se repiten como la casa del terror de Federico, con otros "disfraces" y distintos velos. El terror a lo disruptivo e impredecible de una Pandemia, o de una guerra se presentan sin sellos de temporalidad ni espacialidad. No es esa repetición un retorno a lo mismo sino a una variación que lleva al análisis de un paciente o a un fenómeno social a una diferencia que es puro devenir, es un volver a tirar los dados, una y otra vez para hacer de cada pensamiento o acción algo nuevo.

Bibliografía

Bleichmar, Silvia: La prioridad de detectar los riesgos de fracaso de simbolización en la infancia. *Actualidad Psicológica*. Setiembre 1998. N°257

Bleichmar, Silvia: Impasses y aperturas en el tratamiento de los trastornos graves precoces. *Actualidad Psicológica*. Setiembre 1992. N°191

Catz, H. y colaboradores (2020) *Las redes de lo humano, lo humano de las redes*. Ricardo Vergara Ediciones, Buenos Aires.

Valls, José Luis: *Diccionario freudiano*. Editorial Julián Yebenes, SA. Buenos Aires. 1995

Bleichmar, Silvia: *Las teorías sexuales en psicoanálisis*. Paidós. Buenos Aires. 2014

Han, Byul-Chul: *En el enjambre*. Herder, Buenos Aires, 2000

Lacan, Jacques: *El Seminario XI*. Paidós. Buenos Aires.1973

Freud, Sigmund: Obras completas, Nuevas Conferencias de Introducción al Psicoanálisis N° 34 Pág. 137, *Obras Completas* Amorrortu editores, Buenos Aires, 1992

Marta Alicia Lago

Licenciatura en Psicopedagogía Universidad del CAECE
Licenciatura en Psicología Universidad de Belgrano
Post-grado en Psicoanálisis de niños y adolescentes APA-CAECE
Miembro didacta de la Asociación Psicoanalítica Argentina
Docente terciaria y Supervisora de Pasantías y Residencias de la
Carrera de Psicopedagogía
Coordinadora del Equipo de Orientación Escolar de la Escuela-
Hogar de Ezeiza Pcia de Bs.As.
Directora cultural de la Asociación Brasilera de Psicopedagogía
Trabajos presentados sobre Psicoanálisis y Educación en Argentina
Cuba, Colombia y Brasil.
Colaboradora en los libros:
2020 Catz Hilda y colaboradores, Psicoanálisis de Niños y Adoles-
centes Trabajando en cuarentena en tiempos de Pandemia. Ricardo
Vergara Ediciones
2020 Catz Hilda y colaboradores. Trabajando en cuarentena en
épocas de pandemia y de post-pandemia. Transformaciones e invariancias Transformaciones e invariancias. Ricardo Vergara Ediciones
2020 Catz Hilda y colaboradores, Las redes humanas, lo humano
de las redes. Trabajando en cuarentena y en la post-pandemia.
Ricardo Vergara Ediciones.
2020 Catz Hilda y colaboradores, a pandemia y después...Una Mirada Psicoanalítica. Ricardo Vergara Ediciones

E-mail: martalago16@gmail.com

Pandemia: desde la confusión y el sometimiento al reencuentro de la subjetividad y los otros.

Gladis Mabel Tripcevich Piovano

"Es todo filosofar, un superar el mundo,
algo análogo a la salvación".
(Jaspers, 1949, pp20)

Pasado un año ya del comienzo de la pandemia de COVID 19, existen reportes en el ámbito de Salud Mental que advierten sobre los estragos que está causando en el psiquismo humano, expuesto a cuarentenas, miedo, incertidumbre en todas partes del mundo.

En los inicios existía cierta ilusión de que los cambios del mundo, luego de la pandemia serían para mejor, que la humanidad vapuleada por una partícula tan insignificante como mortífera, reaccionaría tomando conciencia del daño al planeta, al reino animal, a sí misma; el ataque a todos por igual generaría cohesión, hermandad, solidaridad, empatía.

Pero si bien el mundo ha cambiado, poco o nada parece indicar que será mejor.

Por lo pronto, la pulsión de dominio, el egoísmo, la voracidad, lucen fortalecidos; los países más desarrollados económicamente acaparan vacunas muy por encima de sus necesidades y se toma como normal que algunos estados de África, las recibirán recién en 2023 o 2024. Todo lo cual atropella los principios básicos de la Bioética, especialmente el de Equidad y se exhibe con total falta de vergüenza.

Diariamente nos enfrentamos a conductas humanas

que desafían toda lógica, tal como sucede con las producciones del inconsciente que siguen otra, impredecible e incomprensible desde nuestros modestos sistemas racionales. En estos días, solo por ejemplificar, se reporta con videos de los propios protagonistas, una fiesta de estudiantes del 5° año de Medicina, en Rosario, que si bien fue al aire libre careció de los elementales cuidados que estos casi médicos no podían ignorar (barbijos, no compartir vasos, distanciamiento, etc.) en un momento en que estamos asistiendo a una curva de aumento de contagios que se está vertical-izando de modo dramático, en Argentina y el resto del mundo.

Karl Jaspers, filósofo alemán que jugó un papel importantísimo en la reconstrucción alemana de posguerra, planteó la idea de " situaciones límites" en 1919 (Jaspers, 1949; Amengual, 2020) como esas que no se pueden alterar ni permiten escape alguno: culpa, muerte, sufrimiento, lucha, azar o destino, incertidumbre; y las sitúa en el lugar preciso, paradójico en que, pasado el asombro, la duda, originan el pensar filosófico. Cotidianamente, señala, nos dedicamos a la vida concreta, tratando de olvidar, cubriendo con un velo estas realidades por más que sea siguiendo nuestros impulsos vitales. Frente a las situaciones límites, cuando ya no podemos evadirlas, reaccionamos con desesperación y reconstitución. Aquí sitúa el llegar a ser nosotros mismos, en una transformación de la conciencia de nuestro ser. Y es decisiva la forma en que se experimenta el fracaso ya que determinará el resultado, pues se hacen visibles o la nada o todo aquello que realmente existe, a pesar de lo "evanescente del ser mundanal"(Jaspers, 1949, pp. 20)

La admiración y el conocimiento, la duda y la certeza, el sentirse perdido y el encontrarse a sí mismo, tres motivos influyentes para Jaspers, pero no suficientes si falta lo central, y a lo que nos referiremos más adelante: la comunicación entre los seres humanos. Jaspers señaló, en referencia a su tiempo, el de postguerra en Alemania, la absoluta disolución que observaba en su sociedad, en sus contemporáneos que cada vez se comprendían menos por la falta de una comunidad confiable.

Aboga por una comunicación de *existencia a existencia*, donde justificaciones y ataques no sean medios para lograr poder sino para acercarse, y en lo que advertimos huella e imagen de la mayéutica socrática.

La banalización del concepto de libertad

Si algo parece evidente es que la pandemia ha desnudado la distorsión del concepto de libertad en Occidente.

¿Habrá sido siempre así y no lo advertimos? ¿O es resultado del desgaste que sufre todo concepto con el paso del tiempo y su utilización por generaciones que no participaron de su origen ni debieron luchar para lograrlo?

Los ideales de la Revolución francesa, libertad, igualdad, fraternidad atravesaron un siglo sin perder su carácter contestatario frente a un poder adverso. Cuando el liberalismo advino y se desarrolló en Europa, fue revolucionario y su concepto de libertad trajo aparejados movimientos independentistas en toda la América Hispana y en lo que hoy es EE.UU. A lo largo de toda Europa inspiró las revoluciones contra el absolutismo, reinstalado luego del Congreso de Viena de 1815 y que más allá de sus resultados inmediatos, marcó impronta de un mundo hambriento de mayores derechos y libertades, sustentada en fuertes teorías políticas que nutrirían el siglo XX.

Pero hoy se usa anárquicamente.

En todo el mundo se observa la reivindicación de una libertad perdida, reclamada a los gobiernos que, equivocados o no, tratan de salvar vidas como pueden y contra ellos se esgrime una rebeldía digna de mejores destinos, en un movimiento de desplazamiento que confunde al agresor (la pandemia) con la autoridad y el deber de los estados.

Así la violación de las restricciones (distanciamiento social, barbijos, etc) parece ser la respuesta compulsiva: fiestas clandestinas, multitudinarias, aún con representantes de grupos de riesgo, sin ningún tipo de cuidados; en todo el mundo emergen reclamos de que se está atacando la libertad individual. Ahora bien ¿a qué tipo de libertad se refieren estos reclamos? Ya que hay muchos.

Si rastreamos las diferentes definiciones del concepto (libertad de cultos, de prensa, de expresión, de transitar, etc.) advertimos que se trata de uno muy complejo, ya que fue necesario especificar el tipo y a lo largo de la historia fueron esgrimidos muchos de ellos no contemplados previamente.

El que surge en estos reclamos parece indicar uno de un tipo muy especial: libertad de decidir o no contagiarse, que por cierto choca con el derecho de otros a no ser contagiados o ser abrumados por la excesiva demanda de atención médica que conlleva el aumento de los contagios. Pues también es una pretendida libertad que atenta contra la Salud Pública que podría traducirse en palabras simples: libertad de hacer lo a cada uno se le antoje. Para justificarla se han buscado erráticos argumentos que van desde la descalificación de la ciencia, la inexistencia del virus, desplegando una desmentida a esta altura suicida, hasta la paranoia frente a las vacunas, posibles portadoras de un chip para controlarnos, etc.

De todas formas entiendo que no se trata de una mutación por la pandemia, sino de una *puesta en evidencia* de lo que en *la mente occidental se venía creyendo que era la libertad.* Al parecer, la cultura del consumo propia del neoliberalismo creó una ilusión de libertad que oculta la verdadera raíz de esta etapa del capitalismo, considerada por algunos terminal, dure el tiempo que vaya a durar:

consumo inducido, compulsivo, por una sobreproducción anárquica cada vez para menos gente.

Así por ejemplo, asistimos a crisis de abstinencia por no poder viajar, ir a bailar, a fiestas o reuniones, gente que va a excursiones con fiebre y posible COVID para no perderse lo pagado y sigue la lista. Una suerte de mundo al revés que confunde obligación con libertad. Una lógica consumista e inducida de "usted puede" que quiere decir "usted debe", como ejemplifica el relato de un paciente que antes de entrar a sesión (cuando eran presenciales), se había encontrado en la puerta con un conocido que muy contento, le dijo que estaba haciendo uno de esos cursos destinados a "que uno logre objetivos", y acababa de cumplir con uno: viajar a Disney con la familia, postergado por mucho tiempo. Cuando mi paciente le preguntó cómo la había pasado, su interlocutor se puso pálido, y cortó la conversación excusándose rápidamente para desaparecer entre los transeúntes. Era obvio que nadie había indagado sobre su deseo, pero aunque resultara tragicómico, él tampoco. Él cumplía sin advertirlo, con los designios de este tiempo donante de representaciones acerca de lo que es "ser feliz".

En esto observamos la falta de espíritu reflexivo y crítico del que habla Galende (2004), que desarrollaremos más adelante, y dicho sea de paso, escasea muchísimo en estos tiempos. Y los nuevos velos denunciados por Jaspers (1949) prodigados alegremente por los que apelan a todo con tal de promover consumo, y alejan cada vez más a los seres humanos de su única luz propia: su subjetividad, haciéndoles creer que están decidiendo cuando solo obedecen.

A propósito de esto Stanley (2021), profesor de Filosofía del Lenguaje en la Universidad de Yale, señala que precisamente el fascismo funciona consiguiendo subvertir significados y que las mismas libertades de la democracia se vuelvan en su contra, sin decir abiertamente cuanto perjudicará a tantas personas, enmascarando la desestabilización que se propone, en altos ideales como la defensa de la libertad, campañas anticorrupción, etc. Es típico esto último, condenar la corrupción del país del que se quieren apoderar, cuando ellos son los más corruptos. En Alemania después de instalar en la conciencia colectiva que democracia y corrupción eran sinónimos, los nazis implementaron un sistema ultra corrupto. El Estado Fascista busca desarticular el Estado de derecho para reemplazarlo por los mandatos de los distintos dirigentes o líderes del partido, pero enarbolando altos ideales que prenden rápidamente. Por ejemplo, el de la libertad. ¿Quién podría oponerse?

Conocer el mundo, viajar ¿quién lo rechazaría? Que el virus no existe ¿quién no desearía que fuese cierto?

Este sutil enmascaramiento de la realidad porta elementos mortíferos en tiempos como éste, de una pandemia que amenaza a toda la población del planeta con una partícula ínfima en progresión a virus, que necesita precisamente nuestra dotación humana para ser tal y sobrevivir: nuestra biología, nuestros contactos físicos, nuestros añorados besos, abrazos, el volver a sentirnos.

Pero para que todo eso vuelva, hay un tiempo de espera que no parece ser tolerado por la mayoría de los anhelantes.

Otro aspecto importante, es cómo se instaló esta distorsión del concepto de libertad en el tema de las vacunas, al punto de hacer creer que ignorando científicamente todo sobre ellas, "se debía tener derecho" a elegir cuál aplicarse, no habiéndose cuestionado jamás los reclamantes, el tipo recibido en toda su historia vacunatoria. E ignorando las cuestiones de marketing que instalan estos temas sólo por intereses económicos.

Lo más sorprendente y hasta risueño en la desconfianza o directamente el rechazo de la vacuna rusa, fue la persistencia de la Guerra Fría en la mente de muchos argentinos (y no argentinos), como si ignoraran (¿lo ignorarán?) que finalizó con la Caída del Muro en 1989. Todo esto mas allá de la guerra económica inter-laboratorios, que foguea estas confusiones, pero el solo hecho de que haya prendido tanto, nos confirma una vez más que el poder de instalar "sentido común" de los grandes medios es inmenso, que el tiempo cronológico no coincide con el subjetivo, y que las representaciones de la Guerra Fría persisten intocables en demasiadas personas.

¿Resiliencia posible?

Uno de los resultados más esperados para el fin de la pandemia, sería además de sobrevivir, precisamente la resiliencia. Para ello repasemos brevemente lo más importante del concepto.

Término proveniente de la física de los materiales, consiste en la capacidad de los metales, de resistir al choque, y recuperar en parte su estado inicial. Proviene del latín resilio (saltar hacia atrás) y alude a elasticidad.

Pero el concepto de resiliencia aplicado al psiquismo humano no contempla exactamente el "recuperar en parte un estado anterior", ya que sostiene la idea de transformación.

Boris Cyrulnik (2003), señala en la resiliencia, que vínculo y sentido la habilitan ya que sin ellos no podemos convertirnos en nosotros mismos; las coincidencias con Jaspers, pasados más de 50 años son sorprendentes y agrega algo que no mencionara en su momento el filósofo y psiquiatra alemán pero se asemeja a su "estar perdido y reencontrarse": sólo es posible hablar de resiliencia si ha habido trauma seguido por la recuperación de algún tipo de desarrollo, o sea si se verifica la recomposición del desgarro.

Zukerfeld y Zonis afirmaron que resiliencia

...puede entenderse como la expresión de funcionamiento en proceso terciario donde la fluidez del aparato psíquico permite desarrollar recursos de afrontamiento a partir del efecto traumático (Zukerfeld, 2002, Zukerfeld, Zonis, 2004, pág. 91)

Lo cuál no implica re-significación del trauma, porque el sujeto cualifica *y crea* donde sólo hubo magnitudes. Este potencial solo podría manifestarse en una trama intersubjetiva, de lo cual dependerá la mayor vulnerabilidad (trauma exitoso) o resiliencia (trauma transformador).

Aclaremos aquí que los autores se refieren a procesos terciarios,(ya que de creación se trata) no como aquellos que solo operan sobre representaciones de cosa y palabra, ya que si hubiera *algo nuevo que antes no existía y ahora sí, sería porque estaba fuera del preconsciente,* pero **no por estar reprimido sino por no haber sido nunca representado**. Por eso la noción de creación adquiere otra dimensión, a pensarse *desde lo irrepresentable,* el cual aún apartado del comercio asociativo, produce efectos.(Zukerfeld, Zonis 2004),

También existe cierto consenso acerca de qué *no es resiliencia* (Zukerfeld, 2005): No es mera resistencia ni un retorno al estado anterior al evento disruptivo, ni un rasgo innato o adquirido, que se mantenga permanentemente frente a cualquier adversidad. No implica ausencia de síntomas ni condición de felicidad permanente: No es reductible a conceptos psicoanalíticos como negación, reparación, sublimación aunque puedan estar presentes en sujetos resilientes. No es conformismo social ni resignación, ni beligerancia o reivindicación constante.

El concepto de resiliencia, cuestiona la clásica noción de "disposición" y se propone reemplazarla por "potenciales inconscientes". Desde esta perspectiva psicoanalítica de la resiliencia, Zukerfeld y Zonis (2006) se proponen estudiar la adversidad, la adaptación, la dimensión del Yo y sus defensas, la dimensión de los funcionamientos psíquicos globales y la dimensión vincular.

Ahora bien, si consideramos el impacto mundial de la pandemia y su amenaza constante a la vida humana sobre el planeta, podemos comenzar a preguntarnos varias cosas:

1)¿Habrá generado en muchas personas, el efecto resiliente?

2)¿ Es posible promover resiliencia desde nuestro lugar de psicoanalistas?

3) ¿Existe resiliencia sin trauma?

La primera pregunta no puede responderse afirmativamente si tomamos en cuenta los datos enumerados hasta aquí, porque ante todo sería necesario el reconocimiento de la existencia de una amenaza a la vida, haber estado enfermo o perdido seres queridos, etc. Existen casos en que esto último no redundó en mayor prevención de los deudos y que por el contrario exhibió mayores índices de desmentida. Sin duda habrá casos de resiliencia, pero por el momento no parecen ser mayoritarios.

A propósito de la segunda pregunta, o sea, si es posible promover resiliencia, Emiliano Galende (2004) sostuvo que **no se trata de un programa educativo,** sino que en la resiliencia se debe actuar sobre las formas de *vínculos sociales existentes,* potenciando esas capacidades reflexivas sobre la realidad cotidiana. El lazo social mínimo (encontrar un amigo en la adversidad) genera condiciones para que cada adversidad se constituya como acontecimiento y no sólo como un desastre a sufrir pasivamente y solo.

Y en esto coinciden todos los autores: es necesario el tutor, el vínculo intersubjetivo.

Galende sostiene que una estrategia de desarrollo de factores de resiliencia debe basarse en grupos que mantengan una interacción continua.

En esto, podemos ya señalar la profusión de contactos virtuales que se fueron dando en las instituciones y agrupaciones psicoanalíticas, por ejemplo, que no se sometieron a la presencialidad como única forma de trabajo, y que funcionaron y funcionan por esto mismo, también a modo de contención de sus miembros, que podemos seguir trabajando a modo online no solo con los pacientes sino con nuestros colegas. Los vínculos afectivos no solo no desaparecieron, sino que en muchos casos se fortalecieron al amparo de una virtualidad que parece haber potenciado cierta espontaneidad, tal vez desde la conciencia de la necesidad del otro o como se vio en ciertos ejercicios de autopercepción, de los que muchos de nosotros participamos en líneas no psicoanalíticas, en los que, anulada una parte del cuerpo voluntariamente, se descubrían habilidades ocultas en el resto.[1]

Ignoro qué sucede en otras profesiones u oficios, pero ya podemos afirmar que entonces, siguiendo a Galende, en Salud Mental se está dando ese trabajo de desarrollar en gran medida, factores de resiliencia.

Las personas que carecen de alguna actividad convocante, o que la tuvieron pero la abandonaron luego de jubilarse, sobre todo las que viven solas y que ya no encuentran ni la posibilidad de salir a tomar algo con amigos, sufren mucho más la falta de presencialidad. Los casos que he podido tratar, tienen como único contacto exterior el vínculo analítico online y padecen profundos sentimientos de soledad. Cabría preguntarnos qué tipo de mandato superyoico los ha aislado de toda actividad y contacto con sus pares, sólo por estar jubilados: no saben en qué ocupar su tiempo, se aburren, maratonean con

---

[1] Existen en la formación sexológica ejercicios de autopercepción que promueven el descubrimiento de capacidades de expresión y de sensaciones en determinadas partes del cuerpo, a partir de la inmovilización de otras. También en la terapéutica se utilizan ejercicios llamados de Focalización sensorial I y II, que permiten la exploración de sensaciones en específicas zonas del cuerpo, del mismo modo.

series incluso ya vistas para escapar de una sensación de vacío que de todos modos los invade.

Para Galende (2004), la percepción de la realidad social implica una valoración que parte de la estructura de la subjetividad (ideal del yo, superyó valor de la autoridad, de la ley, las instituciones, etc) y simultáneamente de los grandes sistemas de construcción de sentido, relacionados con su interpretación de la realidad (fundamentos religiosos, doctrinas nacionales, fundamentalismos, ideologías); atravesando estos condicionantes de la autoridad y del sentido, el sujeto obtiene la capacidad reflexiva y crítica, afirmando su autonomía y sosteniendo su interpretación de la realidad social. **El ideal de un sujeto autónomo y racional, reflexivo y crítico, será también un sujeto con capacidad resiliente, ya que la creatividad, el enriquecimiento subjetivo, la capacidad de acción racional, dependen en gran parte de tener esas capacidades reflexivas y críticas.** Fuera de todo determinismo, plantea que lo esencial estará en las interacciones específicas del sujeto dotado de esas capacidades, con su ambiente. Si faltan habrá adaptación pasiva o sumisa, ya sea por sometimiento a la autoridad, etc., como el ejemplo citado anteriormente del feliz cumplidor de objetivos.

Para la resiliencia es necesario pensar en la cultura y en los caracteres del individuo resiliente (Galende, 2004).

Por ejemplo, aclara que el valor de las religiones no está dado por la verdad de la fe sino por *la cohesión que ejerce sobre los creyentes,* los cuales adquieren fuerza de la idea religiosa y del sentimiento de estar integrados a un grupo. Es la fuerza de las ideas, el deseo de realizarlas, y los sentimientos que se desarrollan en el grupo lo que facilita el poder resiliente. O sea, **la resiliencia no está en los genes sino en las ideas, ambiciones humanas y el lazo social.**

La adaptación, la resignación y el fatalismo son obstáculos para la resiliencia. **Resiliente es quien no se resigna a reproducir las condiciones existentes, su ambición crea el cambio posible y esto ya lo cambia a él y también a su grupo inmediato** (Galende, 2004).

Como decíamos anteriormente, si pensamos en la escasez de sujetos críticos y reflexivos como señala Galende (2004), la esperanza de hallar resiliencia se acota.

Respecto de la tercera pregunta, acerca de si es posible la resiliencia sin trauma, algunos autores consideran que no.

Zukerfeld (2016) sostiene que sí es posible, y personalmente a propósito de la investigación para mi Tesis de Doctorado, sobre damnificados de desaparición forzada durante la década del 70, en Argentina, encontré casos que no presentaban Indicadores de Lo Traumático pero sí resiliencia. Existían los llamados Objetos Cometabolizadores (Benyakar, 2015), que jugaban el papel del tutor de resiliencia y abarcaban el ámbito de lo intersubjetivo necesario para su presencia, además de otros factores como el formar parte de "los políticos" que Primo Leví (1958) describió como aquellos capaces, por su formación y comprensión de la historia y el funcionamiento del mundo, de entender lo que estaba sucediendo más allá de su experiencia inmediata. Estos "políticos" serían lo que Galende llama los seres críticos y reflexivos resilientes.

Que esté relacionada pero no sea imprescindible la presencia de trauma en la resiliencia, allana el camino, ya que entonces la presencia del tutor, el vínculo intersubjetivo y la capacidad de ser críticos y reflexivos, ocuparán el lugar prínceps para la promoción de resiliencia.

Lo cual ilumina en algo el camino a transitar, prolongado aún, hasta que termine la amenaza y comencemos a reconstruir lo que habrá quedado del mundo, que ya no será igual, pero para mal o esperemos para bien, nosotros tampoco.

Bibliografía

Amengual, G: (2020) La pandemia ¿una situación límite? Catedral de Mallorca.

Disponible en: https://catedraldemallorca.org/es/noticias-opinion/gabriel-amengual/3908-la-pandemia-una-situacion-limite consultado el 1 de abril de 2021

Benyakar, M. (2006)a *Lo disruptivo*- Buenos Aires. Biblos. (2ª ed.).

Benyakar, M; Lezica, A: (2006) *Lo traumático*. TI y TII. Buenos Aires. Biblos

Benyakar, M: 2015: Lo disruptivo. Sus características, cualidades y análisis de su dinámica. Modalidades de análisis de un fenómeno fáctico y su impacto en el psiquismo. Marzo de 2015. Difusión interna USAL APA. Buenos Aires.

Cyrulnik, B: (2003) *El murmullo de los fantasmas. Volver a la vida después del trauma*. Barcelona. Editorial Gedisa. 2003.

Galende, E: (2004) *Subjetitividad y Resiliencia: del azar y la complejidad.* En: Melillo, A; Suarez Ojeda, E; Rodriguez, D; (Comp.).

Resiliencia y subjetividad. Los ciclos de la vida. Pp 23- 61. Buenos Aires. Paidós. 2004

Jaspers, K: *La Filosofía. Breviarios.* Bs As. Fondo de Cultura Económica. 10° reimpresión. 1979

Levi, Primo: (1958,1976,1963,1989): Trilogía de *Auschwittz*. Barcelona. 2012. Edit. Océano.

Stanley, J: (2021) La propaganda fascista. Clases Magistrales. Materia Filosofía. *Rev. Noticias.* 27 de marzo de 2021.

Tripcevich Piovano, G.M: (2017) "Procesos psíquicos en damnificados directos de la desaparición forzada de personas, durante la década del 70 en Argentina." Tesis Doctoral. Universidad del Salvador. Defendida el 8 de abril de 2017.Calificada como Sobresaliente. Buenos Aires.

Zukerfeld, R: (1999) Psicoanálisis actual: tercera tópica, vulnerabilidad y contexto social. *Aperturas Psicoanalíticas. N° 2*, 5/7/99. Disponible en http://www.aperturas. org/autores.php

Zukerfeld, R: (2016) *Comunicación personal*

Zukerfeld, R. y Zonis Zukerfeld, R: (2002). *Procesos terciarios*. Premio Fepal,

2001. *Aperturas Psicoanalíticas*, 14,2003, disponible en , http://www.aperturas.org/autores.php

-- (2005): *Procesos terciarios. De la vulnerabilidad a la resiliencia*. Buenos Aires. Lugar Editorial.

-- (2005) Cap. II. Esperanza y determinismo en la actitud psicoanalítica: Un estudio empírico sobre ciertos prejuicios teóricos. En: *Procesos Terciarios: de la vulnerabilidad a la Resiliencia*. Lugar. Buenos Aires. 2005

-- (2006) Addenda. Vicisitudes de lo   traumatico. Vulnerabilidad y Resiliencia. En Benyakar, M; Lezica, A: (2006) " *Lo traumático*". TI y TII. Buenos Aires. Biblos

-- (2011). Vicisitudes traumáticas, vincularidad y desarrollos resilientes: Un modelo de investigación dimensional. *Clínica e Investigación Relacional*, 5 (2): 349-369. [ISSN 1988- 2939].

Disponible en http://www.psicoterapiarelacional.es

Dra. Gladis Mabel Tripcevich Piovano Ph. D.

Auxiliar en Estadística Aplicada a la Psicología. 1982. Facultad de Humanidades. Universidad de Belgrano.
Licenciada en Psicología .1984. Facultad de Humanidades. Universidad de Belgrano.
Magister en Psicoanálisis. 2010- MAESTRÍA APA (Asociación Psicoanalítica Argentina)- Universidad CAECE. Bs As.
Doctora en Psicología. 2017. Universidad del Salvador.
Sexóloga Clínica.1988.- Sociedad Argentina de Sexualidad Humana (SASH).
Miembro Titular en Función Didáctica de la Asociación Psicoanalítica Argentina. Desde 2007.
Full Member IPA. (Asociación Psicoanalítica Internacional).
Miembro Titular del Comité de Ética en Investigación Burzaco (CEIB). 2015.
Member of The International Forum of Teachers. Law and Ethics. Haifa University. 2013 a la fecha.
Miembro de los Capítulos Psicoanálisis y Derechos Humanos ;y Psicoanálisis, Subjetividad y Comunidad . APA.
Miembro de la Red Iberoamericana. Unidad Argentina de Bioética de la Cátedra UNESCO de Bioética – Haifa University.
Presidenta del Comité Ejecutivo del Foro de Catedráticos Independientes de Ecobioética. UNESCO. Univ. Haifa.
Premio Psicoanálisis y Libertad. Fepal 2014. Videla o la libertad en un dictador. En Calibán. Revista Latianoamericana de Psicoanálisis. Vol.13. N° 2. 2015
Secretaria del Departamento de Psicoanálisis y Sociedad. Asociación Psicoanalítica Argentina.
E-mail: gmabelt@hotmail.com

La pandemia…una experiencia psicótica?

Susana Rasinsky

"Solamente el cambio es eterno, perpetuo, inmoral"
Arthur Schopenhauer

La situación actual de incertidumbre, desmentida, confusión, mayor vulnerabilidad, incremento de la muerte, enfermedades, máscaras melancólicas, perturbación, es comparable a una crisis psicótica.

El pasaje de lo conocido a lo desconocido es siempre un riesgo, una experiencia ominosa (S. Freud, 1919, Lo ominoso), sería atravesar caminos imprevisibles, estimulantes, fascinantes y temidos.

Lo patético de la psicosis se produce precisamente cuando la emoción se detiene, el tiempo se inmoviliza, pierde vida y movimiento. Hay que salir de esa parálisis y llegar a un nuevo puerto. "Puerta y puerto derivan de pasos, en griego. La puerta significa el umbral entre lo interior y lo exterior, pasaje hacia otro lugar, hacia otra mirada donde se hace necesario que se instale la solidaridad" Catz H., Rasinsky S. (2020) "La Pandemia y después…una mirada psicoanalítica. Tomo 4 pág. 274.

Viajar es conocer, asumir un peligro si es necesario.

En esta pandemia tuvimos que enfrentar situaciones nuevas en la clínica, nos ayudaron a aprender nuevas formas de abordaje con el uso de la virtualidad, donde se puso más de manifiesto, nuestra capacidad creativa, empática y perceptual frente a una situación nueva caótica, para ir descubriendo y develando, junto con al otro, que es lo que está atravesando.

Con la virtualidad vemos una parte del cuerpo del otro ¿cómo nos damos cuenta de lo que le pasa?

El cuerpo es un hábitat en movimiento, donde todo se desplaza y precipita siguiendo su ritmo peculiar. La evolución de los espacios y de los tiempos interiores y exteriores adquiere con el tiempo fluidez y armonía propia. Este proceso es la matriz protosimbólica del proceso simbólico, base a su vez de toda capacidad cognoscitiva y creativa del sujeto.

Las autoridades que administran la Pandemia (vacunas, restricciones), se muestran desprovistos de afectividad, apáticos, sin emoción, como despersonalizados, indiferentes, mudos y sordos a los que nos pasa y nos puede pasar como personas.

¿Cómo esto nos enferma? ¿Cómo hacemos para resolverlo, para que nos registren, nos escuchen? Buscamos resolverlo, inconscientemente, a través de diferentes modalidades defensivas, como somatizaciones, crisis de angustia, aumento de las melancolizaciones, depresiones, brotes psicóticos, para proteger cierta integridad de nuestro yo, frente a esta situación caótica.

La experiencia psicótica implica enfrentarse con una normal arqueología del presente, de un presente crítico y a menudo alienado y fragmentado.

La experiencia analítica es capaz de golpear, tocar, mover y despertar la máscara afectiva de un sujeto. En la situación actual de incertidumbre, fragmentada y unificada por las restricciones, la falta de vacunas, esta situación caótica remite a la fisura original de nuestro nacimiento que desgarra pero también es el punto de partida para la separación, la diferenciación.

Nuestra función como analistas es encontrar los puentes, integrar los aspectos escindidos, fragmentados, contenerlos en un nuevo continente.

Enfrentarse con esta crisis psicótica significa asumir la crisis como experiencia ontológica. Esta experiencia de crisis nos enfrenta con nuestras alienaciones personales y miedos.

Hay inscripciones psíquicas arcaicas que no llegan a la representación de la palabra.

Cuando la persona tuvo que desmentir la realidad tan dolorosa podría retornar a través del síntoma corporal. El cuerpo se transforma muchas veces en el escenario donde se intenta representar el trauma. Por eso en esta Pandemia se incrementaron las somatizaciones.

"La somatización es una forma de defensa psíquica muy temprana y primitiva en la que el sujeto evacua por canales biológicos los aumentos de tensión no procesados ni soportados por el psiquismo. Esto es el resultado fallido de los procesamientos mentales, en los que lo somático preserva regresivamente la fragilidad de la estructura mental.

Las descargas somáticas implican la repetición inconsciente de algo ya vivido que no puede ser recordado ". José Fischbein pág. 134-135 libro anual de Psicoanálisis. Volumen 27, La Psicosomática hoy. 2012

En el mundo actual abrumado, caótico y confuso, la escucha analítica es fundamental, ya que le va a dar sentido, figurabilidad y no volver a caer en el vacío de su existencia.

Pensar únicamente en el COVID y las vacunas, no permite el pasaje a otros recursos psíquicos que todos tenemos y a la posibilidad de la creatividad y a la pulsión de vida.

Cuando es extrema la dependencia a la Pandemia, se inviste al virus toda la economía libidinal, para mantener la ilusión de una estructura con organización. Su ausencia pone en evidencia la desorganización.

Ejemplo de un caso clínico

Juana tiene 60 años. En su historia tuvo una madre

borderline, con la cual el vínculo era de violencia e indiferencia, un padre alcohólico pero afectivo con ella. La situación de desamparo, indiferencia y violencia determinó que a los 12 años comenzara con rotura y caída de dientes, afección al hígado, aumento de presión arterial. Hizo terapia varios años con una frecuencia semanal. Al jubilarse suspendió el tratamiento. En Pandemia llama nuevamente por estados de pánico y su obsesión por el virus, llegando a comprar alimentos y no poder ingerirlos. La situación de Pandemia reactualiza su ansiedad paranoide y su miedo a enfermarse y morirse, acudiendo a sus defensas obsesivas para protegerse. Aparece lo forcluido, el clivaje de los objetos. Lacan "forclusión consiste en un esfuerzo por rechazar el significante fundamental fuera del universo del sujeto.", Revista Imago pág. 28.

Para Lacan el rechazo fuera del sujeto de la función simbólica del padre está ligado a las dificultades de simbolización y se asocia con frecuencia a los mecanismos de clivaje de los objetos.

En esta Pandemia ha aumentado el consumo de sustancias, el fetichismo, las manifestaciones somáticas, los pasajes al acto, son diferentes formas de expresar la necesidad del sujeto de depender de esos objetos para sentirse sostenido y la ilusión de un estado de completud, en el cual los duelos y las frustraciones están ausentes. Estos serían los objetos de restitución narcisística, que su ausencia pone en evidencia la desorganización y la falta de un proyecto personal con posibilidad de sostenerlo. "a los objetos que sostienen este reencuentro los llamo objetos de restitución, no solo porque le permiten el recontacto con la realidad objetiva sino también porque restituyen una cierta integridad e identidad al sujeto. Fischbein J. (2006) trabajo de investigación, Grupo de estudios APA.

Freud ya en 1911 habla de restitución de vínculos con objetos de la realidad objetiva, a partir de lo cual el sujeto trata de reestablecer una integración psíquica.

La escucha desde el psicoanálisis permitirá que sea un objeto de restitución la figura del analista.

Transformar la experiencia afectiva del mal-estar en lograr el bien-estar consigo mismo y los otros. Es un pasaje transformador de la función alfa de Bion en elementos alfa pasibles de ser usados para el aprendizaje de la experiencia.

El encuadre de nuestro trabajo ha cambiado, ya no es el levantamiento de la represión y el develamiento del inconsciente, sino que auxiliamos al yo para que pueda empezar a representar y con esto contener la ansiedad desbordante.

El psicoanálisis tiene la capacidad de escuchar, de esa melodía clandestina y obstinada que perturba secretamente las armonías de la cultura. Generar la posibilidad de estar en el medio de todas esas turbulencias y estar al mismo tiempo sostenidos por la invariancia de la mirada psicoanalítica dentro de uno mismo, como un punto de apoyo para albergar los cambios inesperados y la incertidumbre consecuente.

Así como el síntoma clama denunciando lo inconsciente reprimido, también la sociedad con la desmentida como en la psicosis lo forcluido vuelve desde afuera con una vivencia de lo siniestro. La desmentida se plantea como una imposición violenta desde el afuera, de una versión de la realidad que es ajena al sujeto, llevándolo a la disociación o fragmentación.

El psicoanálisis escucha, describe y descubre al sujeto sus ataduras para que deshaga las mismas y comience a ligar, a investir en otro objeto lo que no pudo ligar en su historia porque era muy doloroso.

En esta Pandemia se mostró como el psicoanálisis no es sólo teoría y/o técnica, sino una posibilidad de intentar entender lo que acontece sin enloquecer ni desesperar.

Salomón Resnik, La experiencia psicótica pág.23 (1997) "No puede eliminarse de la vida el dolor de la existencia, ni tampoco el placer de vivir es incompatible con la experiencia ontológica del sufrimiento como "pathos" primordial.

Arthur Stanley Eddinghon, en la Ciencia y el mundo invisible (1929), evoca "el mito de origen, el caos primigenio, el nacimiento, la soledad, la oscuridad y la luz". pág. 57.

Después de la crisis, después de la caída, está la posibilidad si el analista es un buen continente y el conocimiento analítico es estructurante aflora un mundo que hay que restituir, frente a un sujeto dispuesto a comenzar a marchar nuevamente.

El analista tiene que estar dispuesto a contribuir a esa restitución, a la reorganización de este caos y fragmentación que nosotros también vivimos como parte de este mundo y de esta Pandemia. Lograr una integración distinta de lo caótico, basada en la tolerancia a la frustración, a la diferencia, a todo lo que es diverso a lo que estábamos habituados. Sabemos que toda transformación psíquica auténtica implica siempre un cambio que traerá inevitablemente dolor, pero no necesariamente tiene que ser un derrumbe.

> *Los dos enemigos de la*
> *felicidad humana son el dolor y el aburrimiento.*
> Arthur Schopenhauer

Bibliografía

Catz H. y colaboradores (2020) *La Pandemia y después...Tomo 4.* Ricardo Vergara Ediciones
Resnik S. (1997)*La experiencia psicótica.* Ed. Tecnipublicaciones .
Fischbein J. (2017)*Libro Anual de Psicoanálisis,* vol. 27. La Psicosomática Hoy
Fischbein J. (2006)trabajo de investigación, Grupo de estudios APA.
Lacan J. (2001)*Revista Imago* Estados límite 17 Ediciones Letra Viva

Lic. Susana Rasinsky

Licenciada en Psicología
Licenciada en Ciencias de la Educación
Perito Psicólogo.
Miembro Adherente de A.P.A.
Ex -jefa de Psicopedagogía en Salud Mental de Mar del Plata
Ex -docente de la Universidad Nacional de Mar del Plata
Profesora de seminarios y cursos en Mar del Plata y Buenos Aires.
Docente en A.P.A. Grupo de investigación Psicoanálisis y Educación del Departamento de Niños y Adolescentes (2019-2020)
Docente en C.P.P.L., Lima Perú (2021)
Colaboradora del Departamento de Niños y Adolescentes de Asociación Psicoanalítica Argentina (A.P.A.).
Terapeuta del Centro Racker de A.P.A.
Docente en el Curso-Taller de Psicoanálisis y Educación del Centro de Estudios de A.P.A.
Coautora en:
Catz, H. y colaboradores,(2020) *Psicoanálisis de Niños y Adolescentes en esta Pandemia tomo 1.* Catz, H. y colaboradores,(2020) *Trabajando en cuarentena en época de Pandemia y de Post-Pandemia transformaciones e invariancia* tomo 2.
Catz, H. y colaboradores,(2020) *Las redes humanas lo humano de las redes* tomo 3.
Catz, H. y colaboradores, (2020)*La Pandemia y después...* tomo 4 de la Dra. Hilda Catz. Ediciones Ricardo Vergara Bs.Aires.
E-mail: susanarasinsky@hotmail.com.

[1] Relato de una biografía del silencio.

Patricia Morandini Roth

*"Nos encontramos ante un momento de gran incertidumbre.
Un futuro impredecible nos aguarda.
Hagamos todo cuanto este en nuestras manos para regenerar la
política, proteger al planeta y humanizar la sociedad.
Es hora de cambiar de vía".*
Edgar Morin (2020), Cambiemos de vía.

Reflexiones I

Agradezco la oportunidad de este espacio para pensar estas reflexiones y testimonios de mi experiencia clínica. Este Tomo V, la portada con su imagen del rostro rojo es toda una convocatoria que provoca Hilda Catz desde su bello arte. La imagen pone de relieve el enrojecimiento facial que afecta a la piel cuando esta muta. El rubor facial transitorio, y /o Rosácea es una enfermedad sistémica, aguda y crónica de la piel respectivamente. Los pacientes sienten calor, pueden provocar aparición de manchas rojas en el rostro y en el cuello a través de sus emociones con signos de un aumento agudo de presión arterial. Las emociones se desplazan al cuerpo y mutan la fisiología invadida por el afecto.

"Cambiemos de Vía," es el último libro de E. Morin (2020). En su publicación hace su recorrido siendo testi-

---

[1]   Prohibida la reproducción, envío del material clínico sin permiso de la autora. Consentimiento informado para su exposición y publicación. Trabajo modificado y parcialmente presentado el 2 de febrero del 2021 en la Asociación Psicoanalítica de Madrid- IPA.

go de guerras mundiales, revoluciones tecnológicas y revoluciones sociales: Morin subrayó: - "Si no cambiamos de vía, seguiremos en una gran regresión".

Hoy mas que nunca, nos interrogamos: - ¿Cuáles son las necesidades de transformación para el devenir de los sujetos? ¿Existe o no, un pasado y una concatenación de hechos, fantasmas y vivencias, que configuran complejas estructuras en cada sujeto, un cierto guión que preexiste al proceso psicoanalítico?

Los psicoanalistas pensamos que trabajar con pacientes difíciles, es una forma común en el trabajo clínico. Proveer a estos pacientes un encuadre clínico estable se hace más importante a veces que la tarea interpretativa misma. Este trabajo quiere dar cuenta de niños difíciles en la clínica que necesitan a través de sus relatos atravesar los silencios altamente traumatizantes. Ese relato silencioso alojado en el aparato psíquico da cuenta de traumas transmitidos de otras generaciones tal vez escondidos y ocultados en lo inconsciente familiar. Cualquier acontecimiento en la vida psíquica de los niños pacientes y sus familias tanto sean socio sanitarios como otros traumas sociales históricos son episodios que transforma a todos, en cualquier ciclo vital, en especial a los bebes, a los niños y los adolescentes en desarrollo, con complejas repercusiones comparando la situación actual con otras ya pasadas, en la humanidad.

Como psicoanalista comprendo que toda clínica merece mucho debate y la clínica con niños, en primer término. Por un lado, deseo abrir un debate de mi parte para poder comenzar a trabajar las motivaciones conscientes e inconscientes que nos llevan a las probables causas-efectos y múltiples complejidades que motivan el desinterés por esta área. Es necesario pensar sobre la idea de que el psicoanalista de niños y adolescentes necesita poseer vocación para ejercerla, un análisis profundo de sus objetos internos infantiles medianamente reparados, y un grado de madurez emocional adulto, para poder aproximarse a la escucha del malestar narcisista y al dolor de las madres y de los padres, como así al sufrimiento psíquico de los niños. A esta cuestión se agrega desde la complejidad institucional contenidos algunas veces disociados o negados que nos atraviesan, por lo tanto, difíciles de escuchar. Estos temas complejos y otros conducen a la escasa valoración de la especialidad psicoanalítica con niños en general. Hasta aquí una de mis reflexiones, insistiendo que ampliar lo clínico infantil, manifestar su valoración debe ser una *preocupación primaria institucional.* Esta *preocupación primaria institucional* podría estar incluida en la (trans)misión del psicoanálisis infantojuvenil integrada en la formación. De esta forma abriríamos una ventana para transformar y elaborar en las instituciones un crecimiento mental y colectivo.

Todos estos pensamientos me evocan un término complejo de Ferenczi: *La Intropresión.*

En *"Notas y Fragmentos"*, Ferenczi (1932) intentó articular la noción de introyección con los efectos devastadores de la violencia y la represión parental, y una determinada forma de concebir la práctica analítica, señala M. Cabré(2011).Ferenczi ideó una nueva noción definiendo un efecto descalificador y desmentidor de las representaciones y pensamientos del niño, del paciente, o del analista en formación que terminan perdiendo toda la confianza en el valor de la interpretación que ellos hacen de la realidad psíquica. M. Cabré (2011) afirma en su capítulo "De la Introyección a la Intropresión"; *"el término apunta a una educación violenta de los padres sobre los hijos, a una educación devastadora que inocula la culpa, el secreto, y la prohibición del pensar. Pero naturalmente también se estaba refiriendo a un determinado modo de analizar que implicaba la sumisión, la introyección de la culpa, y una incapacidad para gestionar los propios recursos mentales que caracterizaría a algunos pacientes y sobre todo a algunos futuros analistas."*

Con esta descripción del concepto **Intropresión** nos introducimos en la clínica. El paciente que voy a presentar proviene de una muestra de 74 niños y adolescentes de 4 a 20 años. En esta muestra de 74 niños y adolescentes, un 35 % niños sufren una estructuración pre-psicótica, otros 30 % sufren una estructuración con psicopatología arcaica, fobia difusa, TCA, ideas suicidas, autolesiones, y accidentes graves. Solo alrededor de un 35 % puede a lo mejor contener una evolución normal o neurótica de su propio desarrollo psíquico. Quiero enfatizar con esta investigación cualitativa pero también la cuantitativa, para reseñar la creciente demanda clínica de niños con un sufrimiento narcisista implicado en el desarrollo humano, relacionado con su devenir como sujetos. Este sufrimiento psíquico se puede encontrar antes de la llegada a la adolescencia. De esta muestra de 74 pacientes, 11 de ellos manifiesta formaciones clínicas que se denominan: "Transplantes extraños".

En el "Diario Clínico", Ferenczi *conceptualiza indisolublemente vinculado al de traumatismo."Se trata de contenidos psíquicos de carácter displacentero que vegetan a lo largo de la vida de una persona... (Ferenczi,1932. Pág. 131) y que restan inaccesibles a la conciencia y a la simbolización. Los "Transplantes extraños" serían una especie de introyección forzada de los traumatismos que el adulto habría sufrido en la infancia, de los que una parte quedaría disociada y convertida en objeto desmentido".* He elegido este relato clínico pues tiene una continuidad con el material clínico presentado en en el tomo 1 de Psicoanálisis de Niños y Adolescentes. (Morandini Roth, en Catz y Col. 2020 Tomo 1. Pág. 259)

Escucharemos y observaremos que el desarrollo y la estructuración psíquica infantil se presenta en una accidentada simultaneidad de movimientos, podemos profundizar en la opacidad de la psicopatología arcaica cuando investigamos en la clínica de nuestros pacientes.

Voy a relatar recogiendo desde la escucha psicoanalítica diferentes traumas silenciados, el desborde emocional del paciente y su contención. Veremos a continuación el relato clínico de un niño de 9 años.

Reflexiones II: Relato clínico

El paciente Gus, es hijo único, un bebé muy esperado por sus padres. Es el primer nieto varón para ambas familias. Su abuelo materno tuvo un episodio psicótico con contenidos violentos hace 5 años y su abuela tiene Alzheimer.

Los padres consultaron porque refirieron que su hijo se asustaba en el jardín común de su casa jugando con otros niños algunos días de la semana. Comentaron los padres que su hijo volvía corriendo a casa, sin decir nada de lo que le ocurría y no quería salir hasta el siguiente día hasta que se sentía mas tranquilo. Él confirmaba que ya estaba mas sereno y que podía jugar con sus amigos.

En las diferentes entrevistas los padres pensaron que Gus tenía algún problema con los vecinitos de su casa. Se trabajo con los padres diferentes situaciones de desbordes y sus capacidades parentales sobre diferentes temas. Una de las mas complejas para ellos era su inclusión en los grupos escolares con diferentes situaciones contextuales en el ámbito escolar. Además, los padres presentaban cierta perplejidad ya que hasta el momento de consulta no percibieron malestares e incomodidades en su hijo. Lo describían como bueno, dócil, relacionándose con sus amigos de forma placentera. En cuanto a los límites algunas veces lo cuestionaba, todo, pero si se le explicaba los motivos, los aceptaba. Un tema comentado por la madre fue el siguiente:

M: - Quisiera que mi marido piense aquí algunas

cuestiones, ya que estamos con algunas diferencias en la crianza. Algunas veces veo que exige demasiado a Gus. Es como un don que tiene y no se da cuenta. Por eso me interesa si se puede trabajar con el especialmente. Tenemos muchas diferencias, al respecto. No de como poner un limite, pero si de las exigencias en general. Que lo cuente el.

P: - (Dudando)Yo no se que tengo que contar aquí, venimos por Gus. Claro me tiene preocupado. En cuanto a las exigencias, yo le insisto en que pruebe, todo. Pruebe la comida nueva si vamos a un restaurante, que pruebe un deporte. Le gusta esquiar. Antes se había negado rotundamente porque no le gusta sentir frio. ¿Te das cuenta? No es que soy pesado. Le digo que pruebe y listo. ¿Hay algún problema en esto? (Dirigiéndose a mi buscando aprobación) Tu dices, no déjalo, lo cuidas como si fuera un bebe. Y el no es un bebe.

M: - El sábado fueron a caminar con unos amigos. Volvieron sin agua y se echaron una caminata de 6 km al sol. Tu vas caminando con el padre de Quique, charlando. El te dijo que estaba cansado y la zapatilla le hacia daño. ¡Y nada! le pusiste una tirita en la farmacia y siguieron haciendo el tonto hasta las 21 horas todo el día con cena incluida.

P; - ¿Que tiene de malo eso? ¿O dañino? (Estado ansioso e incomodo)

M- ¡Que te había pedido volver a casa pues estaba cansado y no quería estar mas con su amigo! (Estado emocional angustiado)

P; - (Dirigiéndose con la mirada hacia mi) Mi hijo es muy dominante la estábamos pasando bien y de pronto hay que regresar. No es la primera vez que lo hace. Es como manipular. Cuando fue con mis padres un domingo también paso algo así. Lo pasaron a buscar y parece que al rato se quiere volver. Estaban lejos. Se habían ido por todo el día. Tiene que entender que, si decide ir, se vuelven todos juntos.

(En ese momento pensé a una pareja- dispareja, de padres. A un padre con un ideal, y su narcisismo exigente y hostil. Una imagen negativa de su hijo, vertido de sus propias proyecciones. El diálogo parental aumentaba la idea de que el padre es mas severo, con poca comprensión de su hijo.) Comentaron diferentes situaciones escolares desquiciantes para el paciente haciendo hincapié que en el colegio tenia buen rendimiento. En las primeras entrevistas comentaron que estaba mas callado, introvertido y huidizo como si fuera "fóbico". La madre pensaba que lo veía de esta forma desde el verano. El padre no reflejaba preocupación, lo que si había observado que rechazaba hacer largas caminatas en la sierra lo cual esta actividad era de mucha atracción para él. El padre comentó que rehuía de estar en casa de los abuelos maternos, tenia la hipótesis que le tenia miedo al abuelo materno. La madre aportó información sobre la violencia de su padre con varios episodios, y agregó que a lo mejor Gus escucho que su abuela le tenia miedo a su marido. La madre pensó que su hijo tenía miedos nocturnos desde esa época, dormía con una luz pequeña en el pasillo y la puerta abierta. El paciente en la época del desborde familiar tenia 4 años. La madre se preguntó cuanto podría haberle afectado estas situaciones, aunque siempre lo mantuvieron al margen. A mi intervención sobre abrir con la pregunta sobre sus miedos en los espacios exteriores, la madre agregó que se queda mudo o dice que ya no los tiene mas. Los juegos preferidos del paciente eran jugar a el Forthnite con sus compañeros de colegio, y al tenis. Actualmente, el abuelo está en tratamiento psiquiátrico ambulatorio y esta estabilizado conviviendo con su mujer y un cuidador.

Reflexiones III. Primer contacto con el paciente.

Gus saludó a su padre y entró a la consulta sin dificultad. En la consulta se sentó en una silla pequeña observando los juguetes en silencio. A mi comentario de si sabía porque estaba allí y que es lo que le preocupaba, asintió con la cabeza, en silencio. Gus era un niño alto para su edad. Habló de forma insegura titubeando, con dificultades para comenzar. Preguntó si podía ir al baño. Estuvo 6 minutos. En el momento que entró al baño, escuché que el paciente estaba hablando en voz alta solo. (Estas situaciones se repitieron varias veces en las primeras entrevistas y comienzo del tratamiento). Cuando regreso, comenzó a dar vueltas de forma ansiosa sin tocar los juguetes a pesar de mi invitación al juego, se encogió de hombros con cara triste, se sentó al lado mío apoyándose en mi escritorio.

(La impresión que sentí es escuchar y ver a un niño grande corporalmente deambulando como un niño pequeño y con terror. El hecho de ir al baño señalaba una descompensación emocional incontrolable silente. Con perplejidad, escuché de forma inaudible un discurso y sentí bastante preocupación. El contacto fue cálido buscando la proximidad física)

Gus; - Se quién eres, una psicóloga de niños. Ahora que fui al baño estoy mas tranquilo. Vengo del colegio, me dolía la tripa y estoy algo cansado. Me gusta tu baño. Es guay. ¿Puedo elegir esta hoja? te voy a explicar una cosa. No se como decirlo, me dijo mi madre que cuente lo que quiera. Voy a dibujar no sé. No tengo ni idea. ¿Tienes goma? Me gusta borrar mucho. Tus gomas son muy Guay. (Cogiendo una goma roja) Se que no soy muy bueno en esto, pero hoy estoy cansado, no tengo ganas de jugar. Me siento aburrido. ¡AH! se que voy a hacer. Voy a dibujar una casa de fantasía.

Psi; - "Bueno vamos a hacer lo que se pueda hoy. Dibuja lo que quieras, lo que se te venga a la cabeza, te doy dos cubos de lápices". (Gus comienza a dibujar tres líneas con lápiz negro, borra y las vuelve a dibujar, varias veces. Ensucia la mesa con el lápiz negro. Borra la mesa, con angustia.)

Psi: La mesa es para usarla, no te preocupes que después la limpiamos.

Gus: ¡Si! ¡"Es difícil esto! no sé si va a salir lo de las tres líneas, una esta arriba, otra en el medio y otra debajo de todo. No sé como lo que estoy dibujando. (El paciente rota el folio para que lo mire) (siento que me esta demandando una apreciación, aunque trato de abstenerme y que se sienta libre)

Psi; -Lo que te venga a la cabeza, después vemos tu y yo lo que has dibujado.

Gus:-(Silencio) Yo algunas veces fui a esquiar con mis padres en invierno y me gusto mucho tome clases, en verano voy a la playa a la casa de mis abuelos.

(Silencio) (Sigue dibujando, apretando la goma con su puño, en silencio por espacio de 10 minutos. Colorea con negro.)

Gus: - Arriba voy a hacer unas montañas, y voy a dibujar a mis abuelos como si estuvieran lejos, aunque están cerca, viven en mi misma urba. No se porque los hice así, si tienen que estar en otro lado bueno, yo te digo después lo que es. Están en la primera línea de la montaña. No se ven bien es una sombra y la otra sombra. La verdad es que es muy difícil dibujarlos. En la segunda línea voy a dibujar… mmmm un teleférico o como una cabina. Voy a dibujar el enganche de la cabina a la otra línea voy a hacer dos enganches, sino se pueden caer. En la cabina mira voy a hacer a mi familia. Mi madre tiene una jeringa y una marca en el cuerpo con pilas, mi padre esta bailando como en un cuadro del Cole, y yo estoy allí. Todos estamos colgados de los dos hilos. ¿Ves? Le voy a poner una marca como la cruz roja acostada para un lado, pues no entra. Nos balanceamos todos para un lado y el otro. Hay que tener mucho cuidado. La cabina esta cerrada, voy a borrar un poquito pues es muy transparente. En Londres fui a una cabina altísima. Mi padre me pregunto mil veces si yo quiera subir, ¡No se puede bajar, que me lo piense muy bien! Y dije… con tanto agobio de gente en la calle que quiero estar en mi cuarto, me pregunta si quiero, no entiende, que lo piense seguro, que no diré que me quiero ir. Y al final subí a la cabina al London Eye. Es altísimo como si estuvieras en una montaña sin montaña abajo no hay nada. No me asusté. ¿Mira como ha quedado mi dibujo?

Psi: - A ver… ¡Que interesante tu dibujo! ¿Quieres colorear? ¿Contar lo que se te ocurra del dibujo?

Gus. - No me gusta colorear. Soy daltónico. Este es un fantasma que flota en la montaña, tiene algo para atacarlos porque los quiere atrapar y no puede. Esta toda la familia colgada y no pueden salir hasta que lleguen a la terminal. El fantasma se transforma de maldito… ¿lo ves? Tiene algo que pincha, en amoroso les puse unos nombres no me gusta ha salido muy feo. Cuando llegan a la terminal se termino el cuento.

Psi. - "Muy interesante tu dibujo, lo voy a guardar en una carpeta y trabajaremos algunas veces con él. Si quieres te puedes limpiar las manos. Y nos vemos en la próxima que es el miércoles.

Dibujo 1

Reflexiones IV

Al mes de haber comenzado el tratamiento, el paciente relato angustiosamente que veía hombres colgados en el árbol del jardín balanceándose muertos, que le daban mucho miedo. Por estos episodios desbordantes, volvía corriendo a su casa. Una vez llegó a preguntar a un amigo si éste también veía la escena. Al darse cuenta de que algo le pasaba, Gus pidió ayuda. Las imágenes le aparecían con sentimientos de soledad y angustia intensa en los jardines, parques o bosques, lugares que tenían árboles. Algunas veces aparecían y desaparecían siempre en el exterior. Algunos contenidos de nuestros diálogos se remitían a sus abuelos. Les daba miedo ver a su abuela en silla de ruedas, sentir su propia indefensión y que su abuelo no le ayudaba mucho. Compartimos la idea de que podía dejar de ver a sus abuelos temporalmente pues el se sentía incomodo. Le estresaba el tono de voz de su abuelo materno. Otras situaciones con el grupo del colegio denotaban esa percepción de fragilidad y búsqueda de cuidados. Dejo de ir a la piscina pues se sentía inseguro y algunas actividades le aumentaban su desazón. En los primeros meses generalmente los lunes iba al baño, cuando hablaba solo le preguntaba si quería comentarlo. Generalmente me argumentaba que estaba pensando que iba a hacer en el colegio con los conflictos con sus compañeros del recreo que le preocupaban. El paciente fue muy selectivo con sus amigos, ya que su selección meditada, refleja su inseguridad, midiendo bien si se podían burlar de él. Desde que comenzó el tratamiento, amplio su conciencia sobre sus deficiencias y conflictos, que hasta el momento de la consulta se sentían disociados o negados. Por ejemplo, el tema del daltonismo donde una vez comento que su maestra se había reído de él al dibujar una cara de color raro. Sobre el tema de los colores decía no hacerse problema, como si no importara. Esto en principio estaba negado por él mismo, en el transcurso de sus sesiones decidió" marcarse los lápices con números para dar mas equilibrio cromático a sus dibujos. Así se dio cuenta que había diferentes "tonos amarronados" que el podía percibir. Sus dibujos no eran tan negros como el pensaba, podía ver mas grises. En el 4 mes los episodios alucinatorios se fueron diluyendo. Comentaba que en su casa ya no le pasaba. Me comentó en una ocasión que los lunes estaba mas nervioso pues era su primer día del cole. Los miércoles eran mas tranquilos. Sus juegos eran por ejemplo con los legos y la plastilina dividir el escritorio con líneas de plastilina y colocar muñecos en los cuadrantes. Yo me preguntaba hasta donde el paciente podía captar emocionalmente mis señalamientos e interpretaciones, aunque el aspecto principal residía en la relación analítica: en la contención emocional, su transferencia y la comprensión de él. El paciente daba cuenta de la contención argumentando que podía estar tranquilo en el baño, cuestión que en el colegio y en otros lados no lo lograba pues sentía angustiado.

Podemos escuchar la desesperación de un niño agobiado, su confusión de un lugar inesperado que no quiere ocupar. Donde el derrumbe psíquico interpela sus constantes vitales como el sueño y sus imágenes intrapsíquicas. Comienza el pedido de sentirse acompañado y protegido. Además, podemos pensar como son las reacciones a las vivencias y situaciones traumáticas del niño, que moviliza defensas muy primitivas. Aparecen nudos conflictivos, aspectos fallidos de su constitución psíquica. En el primer contacto podemos pensar las violencias de lo transgeneracional, el "Transplante extraño", en el efecto de estos episodios de alucinaciones visuales. Estos episodios de alucinaciones visuales no son frecuentes en niños, tal vez más las alucinaciones auditivas. No parecen formar parte de un cuadro psicótico, pero, sin embargo, por las características del fenómeno alucinatorio dan para preocupar. Estas imágenes alucinatorias de personas colgadas en los árboles que aparece en los primeros meses de tratamiento es una imagen desmentida transmitida de representaciones de la guerra civil que podemos reconstruir en sesión. Este contenido encriptado no lo pertenece y se transmite de forma transgeneracional. Cabe señalar en este caso como en otros el elevado sufrimiento infantil que transmiten los niños en las primeras entrevistas del tratamiento.

Bibliografía

Cabré, Luis Martín (2011) "De la Introyección a la Intropresión". Libro: *Sándor Ferenczi y el Psicoanálisis del siglo XXI*. Boschán P. Editorial Letra Viva

Ferenczi, S. (1932) *El Diario Clínico*. Editorial Amorrortu. N2 Edición 2013.

Freud, S (1917): *Duelo y Melancolía*. OC Vol. XIV. Amorrortu Editores. Bueno Aires.1987

Morandini Roth, P. (2020) Capítulo 9: "El trauma social en línea de la pandemia de emociones: Un Caso de un niño de 9 años." Libro; *Psicoanálisis de Niños y Adolescentes. Trabajando en cuarentena en Tiempos de La Pandemia*". Hilda Catz y Col. Tomo 1 Ediciones Ricardo Vergara.

Morin E. (2020) *Cambiemos de Vía*. Editorial Paidós.

Prof. Lic. Patricia Morandini Roth

Psicoanalista Licenciada en Psicología. UBA. Psicóloga General Sanitaria.
Especialista Clínica de Niños y Familia por la Universidad Pontificia de Comillas. UPC. España.
Miembro de la Asociación Psicoanalítica De Madrid. España.
Miembro de la Asociación Psicoanalítica Internacional y European Psychoanalytical Federation.
Miembro concurrente de la Asociación Psicoanalítica Argentina. APA-IPA.
Miembro de la Sociedad Fórum de Psicoterapia Psicoanalítica.
Miembro de la Federación de Asociaciones de Psicólogos y Médicos Psicoterapeutas de España.
Member of European Federation of Psychologist Associations EFPA. EuroPsy Specialist in Psyhotherapy
Candidata a Doctora en la Facultad de Ciencias Biomédicas y de la Salud. Universidad Europea de Madrid.
Directora del Centro Consulta Abierta, Clínica de Niños y Familia. (Centro concertado para practicas clínicas de Universidades UNED, Universidad Europea de Madrid- Valencia en España.)
Profesora y tutora de Psicoanálisis de niños y adolescentes en el Máster Universitario de Psicología Sanitaria y Máster de Psicología del Desarrollo Infantojuvenil de la Universidad Europea De Madrid. España. Profesora del Máster de Psicoterapia de la Universidad de Alcalá de Henares.
Coordinadora del Seminario clínico de Niños y Adolescentes de la Sociedad Fórum de Psicoterapia Psicoanalítica (Formación Continua).
Formadora continua de las Actividades Sanitarias por la Comunidad de Madrid en el Hospital Universitario La Paz, Madrid. (Sociedad Fórum de Psicoterapia Psicoanalítica). Co-coordinadora del Taller de Prevención en Salud Mental infanto-juvenil.

Email. centroconsultaabierta@gmail.com

A la manera de un Epílogo

"En este sentido, el confinamiento podría dar lugar a una crisis existencial saludable en la que reflexionaríamos sobre el significado de nuestras vidas profundamente, esta crisis es antropológica: nos revela el rostro lisiado y vulnerable del formidable poder humano, nos revela que la unificación tecno económica del mundo creó al mismo tiempo que una interdependencia generalizada, una comunidad de destinos sin solidaridad".

Morin, E.(2020)

"Entre la visión conservadora, que niega el poder profundamente re-configurador de la pandemia, y la visión quimérica, que propone un año cero de la historia, se anuncia algo más preciso, el acontecimiento de la pandemia desnuda la fragilidad de la complejidad humana…Pero la cifra de la complejidad es la fragilidad de un sujeto impensado que emerge en medio del miedo y la lucidez, el sujeto humanidad, el nombre "genérico" del habitante de la casa común".

Raúl Domingo Motta
Catedra Itinerante UNESCO "Edgar Morín" CIUEM

Impreso en Imprenta Dorrego (CABA) en el mes de mayo de 2021.
Producción gráfica: Ricardo Vergara